© 2015 Christophe COUPEZ
Edition : BoD - Books on Demand
12/14 rond-point des Champs Elysées
75008 Paris
Imprimé par BoD Books on Demand, Norderstedt, Allemagne
ISBN : 978-2-3220-1387-6
Dépôt légal : janvier 2015

Certificat de bonne conduite

Par Christophe Coupez

à ma femme Agnès
qui m'a conseillé, encouragé, relu et corrigé

A mon fils Stanislas, à ma fille Clémence

TABLE DES MATIERES

AVANT PROPOS	7
LE TEMPS DES CLASSES	15
LA GRANDE GUERRE	61
PRESENTATION AU DRAPEAU	89
LA VIE SUR BASE	107
LA VIE QUOTIDIENNE	117
DEMENAGEMENT	133
EVALUATION	145
LA QUILLE	157

Avant propos

Depuis 2001, le service militaire français n'existe plus. Les jeunes français sont désormais dispensés de cette « petite formalité » que chacun devait à la nation.

Cette institution m'a toujours fasciné. Elle était ancrée dans la vie de tous les jeunes français comme une étape majeure, non seulement pour ses difficultés et ses contraintes mais aussi et surtout pour le symbole qu'elle représentait. Partir au service militaire, c'était passer de l'enfance à l'âge adulte, c'était devenir citoyen à part entière, et pour beaucoup, c'était apporter une preuve irréfutable de leur virilité.

Le service national n'a laissé personne indifférent. Chacun avait un avis sur la pertinence du passage sous les drapeaux. Ce serait une erreur de penser que la majorité des français trouvait cette institution inutile. Nombreux étaient ceux qui pensaient ou pensent encore que le service était l'épreuve nécessaire pour devenir adulte. Le père et le grand-père en parlaient toujours avec émotion, le grand frère racontait fièrement ses aventures viriles au retour des permissions et gueulait la chanson du contingent avec délectation. On allait à l'armée en traînant les pieds, certes, mais certains les traînaient moins fort que d'autres.

Le service national était quelquefois une véritable chance. Pour ceux qui avaient échoué dans les études, l'armée était l'unique occasion d'ajouter une petite expérience professionnelle sur un curriculum vitæ un peu triste. Pour ceux qui vivaient l'enfer chez leurs parents, l'armée était le moyen d'échapper au père violent ou à la mère alcoolique. J'ai vu un jour un petit gars timide de dix-neuf ans qui pleurait le jour de sa libération. Sans argent, sans ressources, sans travail, il n'avait d'autre choix que de retourner chez son père qui avait avec lui la main plutôt lourde.

D'autres, par contre, avaient une famille à charge, une compagne sans ressources ou un job assuré. L'armée était alors une pause dans la vie que rien ne justifiait.

Certains ont été plus courageux. Servir dans l'armée c'était renier leurs convictions les plus intimes. Refuser d'obéir était un devoir au nom de leur liberté. Ils étaient les « objecteurs de conscience » et payaient leur courage par de la prison.

Ma période militaire est déjà loin. En cette année 2004, mon incorporation date de dix ans. Et pourtant, les souvenirs sont toujours là et l'émotion de certaines aventures toujours intacte. J'avais bientôt vingt-quatre ans et étais fraîchement diplômé d'une maîtrise en informatique. J'étais prêt à entrer de plain-pied dans la vie active pour un travail de cadre bien payé. Mais l'armée ayant repoussé mon incorporation de six mois à la dernière minute, je ne pus démarrer mon activité professionnelle que seize mois après l'obtention de mon diplôme.

Au fil du temps, les mauvais souvenirs de l'armée s'estompent et ne restent dans les mémoires que les anecdotes les plus croustillantes. Pendant les repas entre amis, nos compagnes mesurent bien l'ampleur de ce phénomène par la fréquence à laquelle les récits militaires atterrissent sur la table en même temps que le dessert. Il y a tellement à dire, tellement à raconter !

Pourtant, lorsque j'étais enfant, l'armée me fascinait.

Sans pouvoir expliquer pourquoi, je m'étais intéressé à tout ce qui touchait à l'armée et ce, jusqu'à l'adolescence. J'avais une importante collection de reliques des dernières guerres. Je collectionnais les revues militaires et adorais rendre visite à un ami de mon père, officier de réserve, qui se faisait un plaisir de me montrer son uniforme et ses insignes. J'allais avec lui aux défilés, et fasciné, j'admirais ces militaires en uniforme et en arme. A douze ans, il m'invita à une séance de tir au fusil de guerre. Un autre officier de réserve vint me voir. Il me félicita pour mes bons résultats et me dit :

- Voilà un jeune homme qui fera un excellent soldat !

J'étais fier, j'étais jeune. Le temps a vite passé et mes passions pour l'armée aussi. Mon intérêt pour l'informatique a peu à peu chassé l'armée de mon esprit. Mon goût pour l'histoire m'a progressivement ouvert les yeux sur la guerre et ses horreurs. Mon attachement à la liberté m'a rapidement fait entrevoir le service national sous un autre angle. Ce que j'y voyais ne me plaisait plus.

A la fin de l'adolescence, le sport national pour les jeunes de mon âge était le report de l'incorporation. Dans la cour du lycée, la conversation tournait souvent autour du sujet. Il y en avait toujours un qui avait déjà fait toutes les démarches de report et qui s'étonnait que les autres n'en aient pas fait autant. Ceux qui ne s'étaient pas préoccupés de la question commençaient à paniquer.

La première étape symbolique était le recensement. Tout jeune garçon âgé de seize ans devait se présenter dans la mairie de sa ville pour se faire enregistrer. La machine militaire démarrait à partir de cette simple démarche. Je me souviens y être allé un mercredi après-midi. L'émotion était grande pour une formalité aussi simple.

La seconde démarche était ce que l'on appelait « les trois jours ». Le nom était usurpé. A la grande époque de nos pères et grands-pères, la visite durait effectivement trois jours mais depuis quelques années, elle était réduite à une journée, deux exceptionnellement. C'est à l'issue de ce séjour et après différents tests que le jeune homme savait s'il allait être exempté ou déclaré apte au service.

Mes « trois jours », c'était en 1990. La journée fut longue et ennuyeuse. C'était un avant-goût de ce qui allait m'attendre pendant dix mois. Les gars qui m'entouraient représentaient fidèlement la composition de la société. Il y avait les étudiants fiers de l'être jusqu'aux gars un peu louches – ceux qui avaient choisi de se faire passer pour des malades mentaux dans l'espoir d'échapper au service national.

La journée avait commencé par un long discours. On nous expliqua ce qui nous attendait, on nous fit un rappel sur la discipline militaire à laquelle nous devions nous plier le temps d'une journée. Débuta ensuite une longue journée d'attente entre deux tests, ou deux examens médicaux.

Il y avait bien sûr l'analyse d'urine faite par des infirmiers qui n'étaient que de simples appelés sous les drapeaux qui passaient dix mois de leur vie à tremper une petite languette de carton dans l'urine de centaines de gars chaque jour. Il y avait aussi la pesée faite par-dessus la jambe, les tests de vision expédiés en cinq secondes.

Surtout, il y avait ce fameux test psychotechnique supposé évaluer l'intelligence. Le souvenir que je garderai de cette épreuve sera celui des soupirs interminables du pauvre gars près de moi qui ne comprenait rien aux exercices. Puis, il y eut le stress de l'attente des résultats.

Même si nous étions nombreux à ne pas être intéressés par les propositions de l'armée, avoir de bons résultats aux tests psychotechniques rassurait. Les résultats étaient confidentiels, mais il était facile de reconnaître ceux qui avaient réussi de ceux qui avaient échoué. Les premiers étaient invités à une séance supplémentaire d'information sur l'EOR (Ecole officier de Réserve), tandis que les seconds allaient attendre dans la cour.

En fin de journée enfin, c'était la rencontre finale avec un sous-officier qui devait nous révéler si nous étions déclarés aptes ou exemptés. Nous devions attendre chacun notre tour, debout dans le couloir. C'était un jour particulier. Le gouvernement venait d'annoncer la nomination d'Edith Cresson comme premier ministre. Les sous-officiers avaient interrompu leur travail et s'étaient rassemblés dans le couloir :

- *Vous avez entendu les gars, on a une bonne femme comme premier ministre! On aura tout vu !*

Ils s'échangèrent quelques propos machistes avant de retourner dans leur bureau en râlant. Ce fut enfin mon tour. L'homme commenta mes résultats et me posa quelques questions :

- *Bon, entre nous, vous voulez faire l'armée, oui ou non ?*

Un éclair d'espoir illumina ma sombre journée. « Non » répondis-je en souriant, pensant que j'allais être exempté. Il me regarda en souriant et dit, d'un air compréhensif et magnanime :

- *Ok !*

Il prit un tampon et donna un grand coup sur ma fiche. Il la retourna et me tendit un stylo :

- *Vous êtes bon pour le service ! Signez ici !*

La sortie des « trois jours » rappelait étrangement la sortie d'un examen. Chacun comparait sa situation et ses résultats. Celui qui était exempté était à la fois envié et suspecté. S'il n'avait pas été retenu, c'est qu'il avait forcément quelque chose de grave. On imaginait alors le pire et le pauvre bougre se sentait obligé d'expliquer en détail la malformation congénitale dont souffraient tous les mâles de sa famille. Par contre, celui qui avait échappé au service par la ruse devenait un héros.

Parmi ceux déclarés aptes au service, il y en avait qui s'étaient engagés imprudemment dans des voies dangereuses. Certains d'entre nous avaient demandé à être incorporés chez les parachutistes, les chasseurs alpins ou les commandos marine. Ces imprudents confondaient souvent armée et club de sport. Ils ont eu dix mois pour regretter leur choix.

Enfin, pour ceux qui, bien que déclarés aptes, voulaient tout de même se garantir un certain confort, il y avait le piston. Se faire « pistonner », c'était demander à un proche, militaire de carrière, d'agir sur le dossier pour choisir par exemple une caserne plus proche du lieu de domicile, ou un poste plus intéressant. De façon générale, cet intervenant n'était pas le plus haut gradé, mais la personne la plus proche du dossier c'est-à-dire celle qui avait le bras assez long (au sens propre du terme) pour y modifier une petite information.

Sur le plan strictement démocratique, faire appel au « piston » était une pratique anti-républicaine que je m'appliquais à dénoncer. Néanmoins, plus le service militaire approchait, plus mes scrupules républicains s'estompaient pour ne laisser apparaître que l'urgence de la situation. A ma grande honte, j'eus donc recours à cette pratique pour tenter de choisir mon lieu d'affectation. Je demandai à être affecté à Lille où j'avais un appartement avec ma compagne. Hélas, si le piston était efficace quand le choix de la personne était bon, il était redoutablement dangereux dans le cas contraire. Entre deux personnes qui m'avaient proposé leur aide, j'ai choisi la mauvaise. J'allais payer très cher cette erreur.

Je m'étais aussi renseigné sur les possibilités de faire un service national plus intéressant. Diplômé en informatique, je pouvais prétendre à un poste de scientifique du contingent. Je fis donc les démarches en ce sens. Mais au bureau de recrutement, je me suis fié à un militaire qui ne devait pas très bien maîtriser sa matière. Ce sous officier me démontra que ma démarche n'aboutirait jamais et qu'il était inutile d'insister. De guerre lasse, j'arrêtai donc là mes tentatives et me résignai à faire mon service sous l'uniforme du simple soldat. Seconde erreur.

Au delà de l'aspect purement militaire du service, il serait intéressant d'établir des statistiques sur l'influence qu'avait le service national sur les jeunes couples. Lorsque le service militaire existait encore, on avait coutume de dire que cette période était un excellent test pour la cohésion du couple. Séparés pendant des semaines, voire quelquefois des mois, nombreuses étaient les jeunes filles esseulées qui décidaient de changer de partenaire, ou les jeunes hommes qui découvraient au cours du service quelques maîtresses sensibles à l'uniforme. Plus simplement, à cause d'une séparation trop longue et d'une évolution personnelle différente, le couple finissait par se briser de lui-même.

Nombreuses étaient ces histoires de cœurs brisés, de lettres de rupture. Je retiens l'aventure véridique d'un camarade de mon contingent, qui avait été accompagné par sa petite amie jusqu'au train le jour du grand départ. Quelques secondes avant que le train ne démarre, sa compagne lui avait rapidement expliqué qu'elle ne saurait lui rester fidèle très longtemps et que par honnêteté, elle préférait le quitter tout de suite !

Pour ma part, je vivais déjà en couple avant mon incorporation. Depuis trois ans, nous avions un appartement à Lille qu'il était impossible de quitter puisque ma compagne l'occupait. Il fallut bien continuer à payer le loyer. Hélas, mon statut d'appelé du contingent me retirait tout droit aux aides sociales au logement, et mes 500 Francs de solde par mois (76 €) constituaient une bien maigre consolation.

L'éloignement rendait notre relation plus difficile. Les sous-officiers auxquels j'expliquais ma situation personnelle et mon besoin de rapprochement m'expliquèrent que j'étais le seul fautif :

- Jeune homme, vous saviez que vous deviez faire votre service national. Il ne fallait pas débuter une relation sérieuse !

Devant tant de bêtise, les bras m'en tombaient.

Pour avoir vécu le service militaire de l'intérieur, je reste persuadé que pendant de longues années le recours aux appelés du contingent a été une déperdition fabuleuse de richesse. Qu'on ne s'y trompe pas, le coût induit de la prise en charge d'un appelé était important même si la solde était misérable, pour ne pas dire scandaleuse. Il y avait l'encadrement, le logement, le transport, la nourriture, l'équipement, les soins médicaux.

Tout ceci en pure perte, car la présence sous les drapeaux des jeunes français était bien souvent inutile. Non seulement certains jeunes n'avaient aucune véritable fonction ni utilité au sein de l'armée, mais en plus, aucun gouvernement n'aurait pris le risque de les envoyer en opération militaire. Il faut dire que, faute de crédits, la formation militaire des appelés était une vaste plaisanterie.

Lors d'un voyage aux Etats Unis quelques années après mon service, un ami américain me fit tirer avec ses armes personnelles plus de cartouches en une demi heure que l'armée française en dix mois ! Pour cette raison, et pour d'autres, je doute qu'en cas de guerre les appelés puissent être d'une quelconque efficacité.

Sous couvert de service rendu à la patrie, je reste persuadé que le principal intérêt du service national pour les gouvernements successifs n'aura été que de diminuer artificiellement les chiffres du chômage.

D'un coup de baguette magique, toute une génération de chômeurs disparaissait des comptes de l'ANPE. Je doute que la décision de supprimer le service national ait été un choix de société. Cela correspondait plutôt à une occasion unique de se débarrasser d'un fardeau dans un contexte favorable. Pour la première fois depuis des décennies, nous étions en pleine croissance et les chiffres du chômage baissaient. Simple coïncidence ?

Si je devais faire un bilan de ce temps passé sous les drapeaux, il ne pourrait être que globalement négatif. Le seul point positif restera finalement ce récit et les aventures que j'y aurai vécues. Je n'aurais jamais eu assez d'imagination pour l'inventer !

Le temps des classes

Depuis quelques jours déjà, le moral n'était plus très bon. Je m'attendais à recevoir une mauvaise nouvelle. Cette mauvaise nouvelle était en l'occurrence un petit courrier qui devait m'annoncer mon départ imminent pour le service militaire.

J'habitais Lille, j'étais jeune diplômé depuis fin mai 1993 d'une Maîtrise d'Informatique de Gestion. Je devais être incorporé dans la foulée, mais l'armée repoussa unilatéralement mon appel en août, puis en octobre, et finalement en décembre 1993. Dans l'attente interminable de mon incorporation, je fus obligé de chercher un petit boulot précaire et mal payé. Nous étions fin novembre. J'allais enfin connaître la date de mon départ et mon lieu d'affectation.

Un soir comme les autres, en rentrant du travail, je relevai le courrier de la boîte aux lettres et y trouvai un carton frappé aux couleurs de la France. C'est à cet instant précis que je pris connaissance de ma première affectation en l'occurrence une base aérienne. A la vue de l'adresse, je compris en une seconde que mon piston avait eu un sérieux raté et que je pouvais m'attendre au pire.

Quelques jours avant le départ, le stress était à comble. Le soir du jour J, tout semblait irréel. Je préparai mon sac dans lequel je mis quelques sous-vêtements, pulls, et accessoires d'hygiène. Je quittai ma compagne la mort dans l'âme et pris le bus en fin de soirée. Arrivé au terminus, je descendis et pris le métro lillois. Je fixai des yeux la vitre devant moi.

Dans le noir des galeries, mon image s'y reflétait. Et je me disais, les yeux dans les yeux : « *mon vieux, cet instant, tu ne l'oublieras jamais* ».

Je suis arrivé en gare de Lille vers vingt heures. Il y avait beaucoup de monde, en majorité des jeunes qui partaient comme moi à l'instruction militaire. Des mères et des pères accompagnaient le petit, lui donnaient les dernières recommandations. Ici une mère réajustait le cache-nez de son fils visiblement gêné par tant d'attention maternelle. Là, une autre recommandait de bien se couvrir. Des couples s'embrassaient, des filles pleuraient dans les bras de ce compagnon qui partait loin d'elles souvent pour la première fois.

Coïncidence, j'y rencontrai un « collègue » de fac qui avait été obligé d'interrompre ses études pour partir à l'armée. Il en revenait justement pile ce jour là !

- Salut ! Ca va ?
- Tiens, Christophe, qu'est ce que tu deviens ?
- Ben, je pars faire mes classes.

En réponse, il fit une large grimace qui me fit regretter de l'avoir rencontré. Il ajouta pour couronner le tout :

- Oh là ! Pas cool ! Bon, et bien bonne chance mon pauvre, bon courage et surtout te laisse pas faire ! Ce sont de vrais salauds !

Une heure de TGV plus tard, j'arrivai en gare de Paris nord. Je devais ensuite prendre un train qui allait me conduire à destination. Départ prévu à minuit en gare de l'est. Là-bas les futurs incorporés, tous paumés, recherchaient dans la foule d'autres gars qui partaient par le même train, ou mieux, dans la même base militaire. C'est ainsi que je me suis retrouvé dans un petit groupe de quatre personnes. Certains partaient intégrer l'infanterie, les autres l'armée de l'air.

Pendant notre attente dans l'immense hall de la gare de l'est, un train arriva à quai. Tiré par une locomotive de train de marchandises, le convoi de vieux wagons s'immobilisa dans le vacarme des freins. Une myriade de jeunes gens en sortit. Ils chantaient tous ce refrain lancinant :

- Zééérooo, zéro, zééérooo, zéro, Zééérooo, Zéro, Zééroo

Ce refrain était chanté sur l'air de « Ce n'est qu'un au revoir, mes frères, ce n'est qu'un au revoir.. ».

Le troupeau se déversa sur les quais. Les gars se serraient la main, se disaient adieu. Les plus bourrés s'embrassaient, tandis que d'autres encore déambulaient en titubant et en scandant bien fort :

- Les gradés ! C'est que des enculés !

Nous l'avions compris, ils venaient de terminer leur service militaire. Nous trouvions fort délicat de la part de la SNCF en général et de l'armée en particulier, de faire se croiser « les libérables » (ceux qu'ils libéraient), et « les bleus » (ceux qu'ils allaient immédiatement incorporer). Nous sommes tous restés silencieux devant ce triste spectacle. L'un d'entre nous laissa tout de même échapper :

- Eh ben, si on devient comme eux, ça va être gai !

Notre train quitta Paris vers minuit. Nous avions encore trois heures de voyage avant d'arriver à destination. Il nous était impossible de dormir. Nous avions bien trop peur de laisser passer la station à laquelle nous devions descendre. Le train distilla son lot d'appelés à chaque arrêt.

Plus le temps passait, plus le sol semblait se recouvrir de neige. Cet enneigement nous inquiétait tous, car si faire ses « classes » (période d'instruction militaire) n'est jamais chose agréable, les faire de surcroît dans la neige n'arrangeait rien.

Le train arriva en gare à 03h30. Un bus nous attendait dans la rue. A côté du bus se trouvaient trois personnes en uniforme. L'une d'elles portait un bel uniforme de cérémonie, les autres, dont une femme, étaient en treillis militaire. Dans le bus, tous les jeunes appelés s'observaient en silence. Nous allions être amenés à vivre ensemble pendant un moment.

La base aérienne était en pleine brousse. A cause de la neige, le car roulait lentement dans la nuit noire de ce matin du Mercredi 1er décembre 1993. Finalement, le bus s'immobilisa sur une petite place, en face d'un bâtiment que nous ne devinions pas encore vétuste. Dessus était écrit en grand : « Bâtiment T10, instruction militaire ».

Nous étions les premiers arrivés. Nous n'étions qu'une petite trentaine de jeunes hommes sur les deux cent appelés attendus. On nous fît monter à l'étage, fort poliment. Les locaux n'étaient pas très accueillants. Les murs présentaient de larges tâches d'humidité tandis que les revêtements de sol paraissaient usés jusqu'à la corde. Le bâtiment en lui-même semblait être du préfabriqué.

Nous étions tous en file indienne. Je ne voulais pas faire partie des premiers. Je m'étais donc arrangé pour être l'un des derniers de la file. Arrivée au fond du couloir, la file cessa d'avancer. Un des militaires nous demanda de nous arrêter et nous donna l'ordre de nous retourner. De l'avant-dernière place, je devins second de file !

J'étais presque en face d'une porte portant la mention "semaine". Cette appellation ne m'inspirait pas. Le premier de la file y pénétra. Ce fut ensuite mon tour. Dans ce bureau se trouvaient trois militaires. Il y en avait un assis derrière un bureau. Les deux autres étaient debout de chaque côté.

Les questions commencèrent à fuser comme lors d'un interrogatoire policier. Le ton était assez sec ; nom, prénom, adresse, profession, diplôme, etc. On me posa d'autres questions :

- Etes-vous volontaire Fusilier Commando ?

Ma réponse fut claire et nette : NON ! Et je ne tardai pas à remarquer que ces nouvelles questions commençaient toutes par « Etes-vous volontaire ». A chaque fois, je répondais donc par la négative, même si je ne comprenais pas toujours toute la question.

- Etes-vous volontaire VSL ?
- Non.
- Etes-vous volontaire SPM ?
- Non.
- Etes-vous volontaire EOR ?
- Non.

Un des trois militaires, l'air mauvais, me regarda d'un sale œil et ajouta à la fin de la série de questions :

- Eh bien, jeune homme, vous n'êtes pas volontaire pour grand-chose.
- Ben, non...

L'homme à ma gauche se concerta avec celui assis derrière la table :

- Il a fait des études ? Bon, on va le mettre avec le précédent, dans la chambre quatre !

Il s'adressa à moi :

- Vous prenez votre sac, vous allez en chambre quatre, au bout du couloir, vous choisissez votre lit et vous redescendez immédiatement au rez-de-chaussée prendre votre couchage. Compris ?

Je répondis par l'affirmative et exécutai de bonne grâce ces tous premiers ordres militaires.

Arrivé dans la chambre quatre, la première chose que je fis fut de compter les lits. Il y en avait huit. J'observai leur disposition, et choisis celui que je pensais le moins exposé au danger. Je pris donc le lit le plus au fond, près de la fenêtre, à coté du radiateur ; une valeur sûre. J'y posai mon sac, puis redescendis au rez-de-chaussée.

Un jeune gars en uniforme m'appela du fond du couloir. J'entrai dans une grande pièce bourrée à ras bord de polochons, couvertures et draps. Le gars me tendit deux draps, deux couvertures, un traversin, un flacon de shampoing aux œufs, un savon, une brosse à dents, du dentifrice, un cahier d'écolier, un stylo bic, et enfin une carte « laissez-passer » accrochée à une vulgaire ficelle et que je devais impérativement garder autour du cou.

Je retournai dans la chambre, chargé comme un baudet. Le gars qui était passé en premier m'y attendait déjà. Nous avons fait connaissance en installant nos affaires dans nos armoires branlantes.

Quelques dizaines de minutes après, tous les lits étaient occupés, à l'exception d'un seul. Nous nous sommes tous présentés les uns aux autres, dans l'ordre des lits ; Frédéric, Arnaud, Frank, David, Thierry. Moyenne d'âge : environ vingt-trois ans, avec un niveau minimum d'étude BAC+2.

Le moral revenait en constatant que mes compagnons de chambrée étaient tous fort sympathiques. Je ressentais déjà à ce moment que c'était là la meilleure chose qui pouvait nous arriver. L'avenir n'allait pas démentir cette impression.

Un cadre nous autorisa à faire rapidement nos lits pour dormir une heure ou deux, en réparation de la nuit blanche passée dans le train. Un autre cadre vint nous réveiller à sept heures du matin. C'était notre chef de groupe : le sergent chef P. Il nous expliqua que nous allions passer cette première journée à faire ce que l'on appelle « le circuit d'arrivée ». Ce circuit consistait à nous inscrire définitivement dans les effectifs de l'armée, à nous habiller, à nous vacciner.

Cette journée mémorable commença par un passage au « mess » (la cantine militaire) pour y prendre le petit déjeuner. Nous y sommes allés en bon ordre, à pieds. Sur le chemin, le « chef » nous expliqua ce que nous allions vivre les jours suivants, tandis que nous découvrions à la lumière du petit matin les bâtiments verts de cette grande base aérienne.

Au mess, on se servit en pain, confiture et chocolat chaud. Notre discussion portait essentiellement sur la gentillesse avec laquelle nous étions reçus :

- C'est sûr, on est à l'armée de l'air, c'est pour ça, dit d'un air très expert l'un des jeunes appelés attablés.

- C'est vrai ! On a du pot ! C'est pas dans l'armée de terre qu'on aurait reçu cet accueil lui répondit un autre expert es militaire.

Pour nous rassurer, nous étions du même avis : l'armée de l'air, c'est bien!

Le petit déjeuner terminé, notre sergent chef nous guida à travers l'immense base militaire. Première épreuve : le coiffeur. Notre « chef » nous rassura :

- Les jeunes filles du lycée professionnel du coin n'ont pas pu se déplacer. Vous aurez donc droit aux professeurs. Vous en avez de la chance !

Cette nouvelle ne nous rassura pas pour autant. Les jeunes appelés coiffés à la mode des années soixante-dix admiraient une dernière fois dans les miroirs des blocs sanitaires la volumineuse masse de cheveux trônant au sommet de leur crâne. Quant aux plus anxieux, ils s'étaient fait raser la tête avant de venir.

Il fallût alors désigner un premier volontaire pour inaugurer la chaîne de coiffure. Nous attendions tous anxieusement le retour de ce cobaye. Quand il sortit enfin, il se rua dans les sanitaires pour constater les dégâts. Il faut avouer que les coiffeurs n'avaient pas été très méchants : ils avaient coupé les cheveux « réglementairement », mais sans plus.

Le dernier à passer à la chaîne était un jeune homme coiffé d'une superbe banane. Bien que conscient qu'elle ne survivrait pas au service national, il n'avait pu se résigner à la tailler lui-même. Les coiffeurs furent touchés par la tristesse du jeune homme. Ils décidèrent donc de limiter les dégâts en lui conservant un semblant de banane. Ils passèrent avec lui plus du triple du temps qu'ils avaient accordé aux autres, demandant sans cesse au jeune intéressé :

- Et comme ça, ça vous va ?

Nous étions tous touchés par les soins et les attentions dont nous faisions l'objet. Vraiment, l'armée de l'air, c'est super !

A nouveau rassemblés en ordre, le « circuit arrivée » reprit son cours. Nous en étions maintenant à l'habillement. On nous fit entrer dans un grand hangar glacial. A l'intérieur s'étendait sur une vingtaine de mètres un immense comptoir avec des dizaines de rayonnages de vêtements et autres effets militaires. Derrière ce comptoir, des appelés et des sous-officiers nous observaient en riant.

On nous demanda de nous aligner contre un mur. Des bancs étaient à notre disposition pour nous asseoir. Le mécanisme de l'habillement se mit en route. Nous étions les premiers à passer. Le chauffage démarra, mais il faisait à ce moment là plus de bruit que de chaleur. Soudain, l'ordre tomba :

- *Bon, déshabillez-vous ! Mettez-vous en caleçon !*

Gênés, stressés, tremblant de froid, nous avons dû obéir et mettre nos vêtements et notre pudeur au portemanteau. Quelques minutes plus tard, nous étions tous en file indienne en tenue des plus légères. Certains étaient en caleçon à fleurs, d'autres en slip « grand-père », certains étaient bien bâtis, d'autres gros et gras. Des femmes militaires traversaient tranquillement le hangar, tandis que nous faisions de notre mieux pour trouver ça tout à fait normal.

La chaîne de l'habillement commença par la prise des mesures ; tour de poitrine, tour de taille, tour de tête, pointure, etc. Le sous-officier chargé de cette tâche ne pouvait s'empêcher de faire de fines remarques lorsque les mesures dépassaient les normes établies. On nous confia ensuite à chacun un caddie identique à ceux des supermarchés, et que nous avons poussé de stand en stand tout le long du comptoir, jusqu'aux caisses enregistreuses en bout de chaîne.

A chaque stand, un appelé sous les ordres d'un sous-officier sortait des rayonnages là un pantalon, là un calot, ici des chaussures. A toute vitesse, il fallait essayer chaque vêtement. S'il convenait, il était jeté sans ménagement dans le caddie. Certains gars de l'habillement étaient compatissants, d'autres étaient méprisants et essayaient de nous casser le moral par tous les moyens.

Petit à petit, le caddie se remplissait d'effets de toutes sortes : deux pantalons bleus, deux vestes bleues, quatre chemises de la même couleur, une cravate, un long manteau bleu, une paire de chaussures basses, quatre paires de chaussettes, une ceinture, deux pantalons de treillis, deux vestes, une chemise « de combat », un ceinturon, une parka kaki, un poncho, un imperméable, une paire de brodequins, une tenue complète de sport (pantalon, tee-shirt, veste, chaussures), quatre tee-shirts, trois slips, un sous-casque, un casque lourd, deux calots, des brosses à vêtements et à chaussures, deux serviettes de toilette et deux gants de toilette, des insignes grands comme mon pouce, et enfin, un sac de toile, unique sac dans lequel tout devait tenir !

A la caisse, une femme empoignait chaque article, les passait au lecteur de codes barres, et imprimait une liste des effets reçus. Malheur à celui qui perdrait une pièce du puzzle. Je revins tout penaud à mon porte-manteau, à moitié habillé d'une tenue de combat pour le haut, de la tenue de sport pour le bas, une chaussure basse au pied gauche, un brodequin au pied droit, des insignes plein les poches, des vêtements plein le caddie et de la rage plein la tête.

Au portemanteau étaient toujours accrochés mes vêtements civils. Ils me rappelaient la vie normale qui me manquait déjà. Un sous-officier passa parmi nous et se chargea de me ramener sur terre :

- *Mettez-vous en tenue de sport, rangez tous les autres effets militaires dans le grand sac. Tout tiendra si vous vous y prenez bien.*

Il distribua des sacs poubelles noirs et annonça avec un sourire ironique plein de sous-entendus :

- *Prenez chacun un sac poubelle et mettez-y vos vêtements civils. Vous n'en aurez plus besoin avant longtemps.*

Je n'avais jamais su plier correctement ni mes pantalons, ni mes chemises. On peut alors imaginer mon désarroi, dernier de la chaîne, pas encore habillé, devant mon caddie plein à craquer. J'estimai d'un œil expert le volume du caddie, puis celui, approximatif, du sac bleu que je venais de recevoir. Comment tout pouvait-il tenir dedans ?

Il fallut faire preuve de patience, de souplesse, d'ingéniosité, de tact -que dis-je, de doigté, pour tout faire entrer dans ce sac. Et lorsque je vis que je restais seul à l'intérieur du hangar, de la force, beaucoup de force, énormément de force pour donner les coups de poing et de pied nécessaires pour refermer le sac en question.

Je me saisis enfin des deux sacs (poubelle et militaire) et courus rejoindre mes camarades qui ne s'inquiétaient pas trop de mon sort.

Arrivés en chambre, nous avons juste eu le temps de déballer nos affaires avant de repartir du même pas vers d'autres démarches administratives. Toujours sous le commandement de notre sergent-chef, direction l'infirmerie pour y faire l'objet d'une étude médicale poussée et approfondie. D'une manière scientifique, les gardiens de la santé publique allaient déterminer de manière irréfutable notre aptitude à supporter la dure préparation militaire qui nous attendait.

Après une attente longue et ennuyeuse, ce fut enfin mon tour. Je rêvais d'une quinte de toux grasse, d'une respiration haletante ou gênée, d'une faiblesse de dernière minute, d'un cœur emballé, d'une rotule rouillée, mais évidemment, je n'eus aucun de ces symptômes :

- Mettez les bras à l'horizontale devant vous, et fléchissez les jambes dix fois. Pouls normal. Suivant !

Je passai dans la salle à coté. On me fit subir la classique analyse d'urine. Normale aussi. Décidément, je n'avais pas de chance, j'étais en pleine forme. Je passai ensuite devant un médecin, un appelé militaire lui aussi, une sorte d'armoire à glace d'un mètre quatre-vingt-dix, sympathique comme une porte de prison. Il me donnait des ordres et visiblement il aimait ça. Il parlait entre ses dents, comme pour me forcer à le faire répéter, chose qu'il faisait en hurlant, sans oublier d'ajouter d'un ton méprisant la classique phrase qu'il devait sortir au moins cent fois par jour à ses clients :

- Les oreilles, c'est comme les pieds, ça se lave !

La visite se termina dans une salle de soins où m'attendaient un infirmier et ses seringues pour les traditionnels vaccins. Cela ne me faisait pas peur, mais ce ne fut pas le cas pour les autres. Beaucoup paniquaient à l'idée d'être piqués. D'autres (souvent les grosses brutes) tombaient carrément d'émotion avant, pendant, ou après l'injection.

Nous avions la panoplie complète. Restait à nous habiller. C'est notre sergent-chef qui nous expliqua comment il fallait procéder. Car n'allez pas croire que revêtir une tenue « de combat » est une chose élémentaire et simple. Pour s'en persuader, il suffisait d'observer nos airs perplexes pendant les explications.

Contre toute attente, les explications étaient en effet d'une incroyable complexité. Il y avait des lacets à nouer un peu partout et à des endroits inattendus, des bas de vestes à rouler. L'habillement répondait à un formalisme strict auquel nous devions nous conformer jusqu'à l'extrême. Chaque explication était accompagnée de la punition qui allait sanctionner une non conformité. Et c'est ainsi qu'à presque vingt-quatre ans, j'appris que je pouvais être puni si mes lacets dépassaient de mes brodequins.

C'est étape par étape que nous avons appris à nous habiller convenablement. Lorsque nous avons découvert tous les motifs de punition relatifs à la seule tenue vestimentaire, nous nous sommes dit tout de suite que cette panoplie avait dû être inventée dans le but inavoué de nous planter d'une manière ou d'une autre.

Une fois cette séance d'habillage réglementaire achevée, le sergent-chef nous distribua des bouts de velcro de couleur kaki sur lesquels était inscrit notre propre nom. Ce velcro devait être posé sur la bande cousue sur la partie gauche sur notre veste. Plus qu'un moyen d'identification, ce velcro était un outil de punition. Le gradé qui voulait punir un appelé pouvait ainsi se saisir d'un bout du velcro, le décoller de la poitrine du condamné, et le ranger dans sa poche. Le soir, le cadre alignait les velcros sur la table et choisissait les punitions pour chacun des condamnés.

La séance d'habillage dura bien trois quarts d'heure. Après nous avoir inculqué ce savoir élémentaire, le sergent-chef resta quelques minutes en notre compagnie, répondant de bon cœur à toutes les questions que nous nous posions. Les remarques ironiques allaient bon train sur nos dégaines à chacun.

Lorsque le sergent-chef nous quitta, nous étions entièrement sereins et rassurés sur notre avenir militaire. Nous étions presque motivés pour entamer notre période d'instruction. Je me surprenais à penser que ce séjour spécial pourrait finalement être très intéressant. Les copains de chambre étaient du même avis, même si chacun aurait tout de même préféré recouvrer sa liberté.

Fatigués, nous nous sommes tous allongés dans l'espoir de récupérer un peu. Je fermai les yeux et m'endormis profondément avec cette dernière pensée : vraiment, l'armée de l'air, c'est bien !

Une toute petite heure plus tard, je fus réveillé en sursaut par un bruit que je n'avais pas réussi à identifier. J'ouvris les yeux et fixai le plafond blanc de ce que je croyais être celui de mon appartement.

Il y eut encore le silence pendant une ou deux secondes, puis le bruit résonna à nouveau dans tout le bâtiment. Il s'agissait en fait des hurlements d'un dément, diffusés et amplifiés par les haut-parleurs du bâtiment :

- RASSEMBLEMENT IMMEDIAT ! TOUT LE MONDE DEHORS ! DEHORS !

Quelle angoisse ! Je n'étais pas dans mon appartement, mais bien à l'armée. Tous les autres s'étaient réveillés de la même façon que moi, au bout d'une heure de sommeil à peine. Tous, apparemment, avaient fait le même rêve :

- Bordel ! Je rêvais que j'étais chez moi, me dit David d'un air grognon.

Nous étions tous surpris par l'intonation de la voix provenant du haut-parleur, par les menaces verbales et les insultes. Et les cris continuaient de plus belle !

- PLUS VITE ! DEHORS TOUT LE MONDE !

Je devais cauchemarder. Ce n'était pas possible autrement. Mais les cris, les insultes et les menaces semblaient étonnement réels. Nous pensions tous que ce manège devait être une blague, une sorte de bizutage.

- Oui ! C'est ça ! Ce doit être un bizutage, c'est pour rire !

Toutefois, dans le doute, nous nous sommes appliqués à obéir à ces ordres donnés avec tant de véhémence et nous nous sommes tous habillés pour sortir. Mais la fermeture éclair neuve de ma parka mettait de la mauvaise volonté à se fermer correctement. J'essayais par tous les moyens de la manœuvrer, tout en sursautant à chaque hurlement. Je perdais de précieuses secondes.

Déjà, quatre gars de la chambre étaient dans le couloir et se ruaient dans l'escalier, affolés. Lorsque ma fermeture éclair se décida enfin à fonctionner correctement, je les suivis avec trois de mes compagnons. Nous n'étions pas encore arrivés à l'escalier que notre sergent-chef nous stoppa net. Il semblait tout aussi paniqué que nous :

- *Vos fourreaux, vos fourreaux ! Vous n'avez pas mis vos fourreaux !*

En effet, les fourreaux bleus brodés d'ailes dorées que nous devions mettre sur les épaules manquaient à notre panoplie. D'un seul homme, nous avons fait machine arrière pour retourner ventre à terre à nos armoires. Il fallut ouvrir la porte de la chambrée puis celles de nos armoires cadenassées. Il me sembla que ça durait une éternité. Il fallut ensuite trouver et mettre nos fourreaux sur les épaulettes avant de reprendre le chemin de la sortie.

Nous n'avions pas encore fait dix mètres dans le couloir, qu'un cadre me saisit par l'épaule et cria au scandale en voyant ces fameux fourreaux sur mes épaules :

- *VOUS NE LES MERITEZ PAS ENCORE ! POUR QUI VOUS PRENEZ VOUS ? RETIREZ CA TOUT DE SUITE!*

Je ne comprenais plus rien ! Les cris du gars sur nos personnes, et sur la mienne en particulier avaient ameuté d'autres cadres qui ajoutaient leurs beuglements à la confusion déjà grande. Mes deux compagnons et moi-même étions au cœur d'un drame et nous ne savions toujours pas pourquoi. Les cadres étaient comme déchaînés et je craignis une seconde d'être lynché pour avoir profané je ne sais quel rituel sacré. Tout à coup, notre sergent-chef surgit de l'escalier et courut à notre secours :

- *On se calme ! On se calme ! C'est moi qui leur en ai donné l'ordre. Je me suis planté. On se calme.*

Nos bourreaux nous lâchèrent finalement, l'écume au coin des lèvres. Nous sommes tous les trois repartis dans notre chambre, très choqués par cet incident incroyable. Le sergent-chef nous présenta ensuite ses excuses et nous expliqua la cause de tous nos problèmes. On ne pouvait porter les épaulettes brodées d'ailes dorées qu'après la période d'instruction. C'était un peu comme une reconnaissance de notre mérite, ou quelque chose dans ce goût-là. Hélas, ce détail lui avait quelque peu échappé.

Evidemment, suite à cet incident regrettable, c'est en bons derniers des deux cents nouveaux appelés que nous avons rejoint la place du rassemblement. Les cent quatre-vingt-dix-sept autres gars étaient déjà tous alignés, aux ordres de cadres agités et hystériques qui donnaient les premières instructions en gueulant comme des veaux.

Ignorant tout de notre infortune, les cadres nous accueillirent bien entendu à bras ouverts. En quelques secondes, je fus poussé au dernier rang d'une colonne. Un cadre nous expliqua alors comment marcher au pas, pendant qu'un autre observait les rangs en hurlant :

- *Ah là là là ! C'est pas aligné ! Quelles burnes !*

Son collègue continuait les explications :

- *A « une », vous devez marcher avec le pied droit, à « deux », le pied gauche. A l'ordre préparatoire « En avant », vous vous préparez à démarrer. A l'ordre : « Marche », vous démarrez par le pied gauche !*

Il passa aussitôt à la pratique :

- *En avant : marche !*

S'ensuivit une gigantesque bousculade durant laquelle chaque appelé marchait sur les pieds du gars devant lui, tandis que les cadres hurlaient de plus belle. Pendant ce temps, nous essayions de marcher sans nous étaler, sans écraser le talon du gars devant, ni bousculer ceux d'à côté. Lorsque le cadre fit stopper la marche, plusieurs dizaines de collisions se produisirent à l'arrière.

Nous venions de stopper devant un grand bâtiment. Le cadre reprit ses explications :

- *Vous allez maintenant "déboîter" dans le bâtiment qui se trouve à votre droite. C'est-à-dire que, colonne par colonne, vous allez quitter la formation pour entrer en file indienne dans le bâtiment. Première colonne, déboîtez !*

Timidement, la première colonne se détacha de la formation pour courir en file indienne vers l'entrée du bâtiment. J'en faisais partie. J'étais en queue de la première colonne. A ma hauteur, un cadre hurla quelque chose du genre :

- *Le dernier tape sur l'épaule du premier.*

J'avais beau chercher, tout en courant, je ne pigeais pas du tout ce que cela signifiait. Je continuais donc à courir, lorsque je fus rappelé séance tenante :

- Eh ! Le dernier, là. Le petit gros à lunettes. Revenez ici !

Bien que ne me considérant pas si gros, je me sentis visé. J'étais le seul à courir, le seul à porter des lunettes, et le dernier de la colonne. Je revins donc en arrière pour voir ce qu'on me voulait :

- Ch'parle français, non ?

Ma réponse fut affirmative, mais mitigée tout de même. Il reprit :

- Quand on est dernier de colonne, « on tape sur l'épaule du premier », compris ?

J'avais beau réfléchir, je ne voyais toujours pas ce qu'il voulait de moi. Taper sur l'épaule du premier… Du premier de quoi, et pour quoi faire ? Devant mon air dubitatif, le cadre précisa. En fait, le dernier d'une colonne en train de déboîter devait taper sur l'épaule du premier de la colonne d'à côté pour lui donner le signal du départ. Expliqué en ces termes, cet ordre revêtait enfin tout son sens.

- A vous maintenant !

Je me replaçai un peu en arrière, et exécutai le geste voulu.

- Oh ! Recommencez ! On n'est pas des pédés ici. Alors vous allez retaper sur l'épaule de vot' copain et plus fort que ça ! Exécution !

Je me replaçai cette fois à mon point de départ et exécutai les ordres tout en donnant à mon camarade d'infortune un coup tellement fort qu'il fit voler son calot.

- Voilààààà ! C'est bien !

Je pus enfin rejoindre mes compagnons qui s'inquiétaient de mon sort. Assis au fond d'un fauteuil du cinéma de la base aérienne, j'attendais avec mes camarades le début d'une hypothétique projection. Une fois l'ensemble des appelés assis, un militaire entra et se dirigea vers la scène en face de l'écran. Un aspirant Lieutenant hurla « garde à vous ».

Tout le monde se leva d'instinct, sans réellement connaître la position du garde à vous. L'homme se présenta : Capitaine M., pilote et commandant du centre d'instruction pour notre contingent.

Son discours s'avéra très vite être un tissu de niaiseries. Il nous expliqua, entre autres choses, que le ministère les avait avertis de la forte proportion de dégénérés au sein de notre contingent, et que pour cette raison il avait demandé les meilleurs sous-officiers pour nous encadrer. L'impression qui se dégageait de ce discours était celle d'une profonde stupidité qui en fit sourire plus d'un. Je mourrais de honte pour ce pauvre pilote obligé de jouer cette sinistre plaisanterie. Encore un peu, il nous aurait annoncé sans honte que le président allait venir donner la fessée aux mauvais soldats ! Quelle tristesse.

Après ce discours inoubliable fut projeté un superbe film qui vantait les mérites des fusiliers commandos de l'air (encore appelés FUSCOS). Quatre soldats couraient derrière un chien à la recherche d'un intrus. Un hélicoptère survolait tout ce petit monde. A la fin de la projection, un cadre prit la parole :

- *Les volontaires FUSCO, levez les doigts !*

A ce moment, trois doigts seulement se levèrent timidement, les uns après les autres. Les gradés regardaient, attendaient. « C'est tout ?? » Aucune réponse de la masse militaire, inerte au possible.

- *C'est bizarre ça, dit un aspirant du fond de la salle, car j'ai des noms de gars qui se disaient volontaires hier encore !*
- *Par exemple, monsieur A. ! Où est il ?*

Un bras se leva :

- *Et bien, vous ne voulez plus ?*
- *Non, j'ai changé d'avis.*
- *Bon. Et monsieur B ?*
- *Pareil.*
- *Bon. Et monsieur C ?*
- *J'ai aussi changé d'avis.*

Ce petit manège dura plusieurs minutes, le temps d'égrener la trentaine de noms figurant sur la liste. Un silence de mort régnait dans la salle, car si ceux qui s'étaient portés volontaires sur un coup de tête tremblaient de façon légitime, les autres, ceux qui ne se souvenaient plus de leur réponse ni même de la question redoutaient encore plus d'entendre leurs noms. Moi-même, je n'étais pas rassuré. Je craignais que le gars du bureau se soit trompé de case. Déjà qu'il lui en manquait visiblement une.

Au bout de quelques minutes, la sentence tomba comme un couperet :

- *Alors comme ça, vous avez tous changé d'avis ? Et bien manque de pot, vous irez quand même chez les Fusiliers Commandos. Vous n'aviez qu'à réfléchir un peu plus avant de répondre.*

A cet instant, deux gars au premier rang, dont les noms ne faisaient évidemment pas partie de la liste éclatèrent de rire devant l'infortune de leurs pauvres camarades. Un aspirant les désigna du doigt en hurlant :

- *Vous deux, là : ça vous fait rire ? Bon, alors on va rire ensemble ! Vos noms ? J'ai la joie de vous apprendre que vous êtes déclarés volontaires fusiliers commandos. Vous partirez avec vos copains chez les FUSCO. Là-bas, je vous le jure, vous ne rigolerez plus.*

Il s'adressa ensuite à la salle entière :

- *Et vous tous, là, réfléchissez avant de faire des conneries, sinon on vous enverra réfléchir chez les FUSCO, et vous comprendrez votre douleur.*

Après quelques palabres sans intérêt, notre orateur céda finalement la place à un homme plus âgé, en uniforme d'officier de l'armée de l'air mais avec un curieux dessin sur les épaulettes. Son ton était plus jovial que celui de l'aspirant qui l'avait précédé. Il s'adressa à nous de cette façon :

- *Bonjour mes amis.*

Le ton était donné, et chacun attendait ce que cette charmante introduction allait cacher. Elle était en fait parfaitement innocente :

- *Je suis le Padre de la Base. Padre, c'est le nom que l'on nous donne, à nous, prêtres et aumôniers des bases aériennes. Je suis là pour vous parler un peu de vous, et de nous.*

S'ensuivit alors un discours fort agréable car prononcé avec douceur. Il essaya de nous rassurer :

- Vous avez vécu le plus dur ! Les trois premiers jours sont en effet terribles comme vous avez pu le constater, mais maintenant cela doit déjà aller mieux.

Nous avons alors vu les militaires de l'encadrement se mettre les mains devant le visage pour contenir un fou rire naissant. Car, bien sûr, le Padre se trompait. Il pensait que nous étions arrivés le lundi, alors que nous n'étions arrivés que la veille. Un murmure de stupeur gronda dans toute la salle.

Le Padre continua son discours sans se rendre compte de la gaffe qu'il venait de commettre. Il nous expliqua la nécessité de notre mission et tenta d'excuser le comportement quelquefois dur des cadres envers nos personnes.

- Ne faites pas de bêtises, et tout ira bien.

De retour en chambre après le souper, nous étions tous un peu démoralisés. Chacun fit part de ses impressions. Faire notre service militaire pour apprendre à défendre notre pays nous paraissait être une chose juste et nécessaire. Mais nous ne parvenions pas à trouver le rapport entre ces enfantillages dont nous étions témoins, ces insultes dont nous étions victimes et le devoir patriotique que nous étions censés accomplir.

En une seule journée, en nous crachant toute cette bêtise à la figure, les cadres militaires venaient de ruiner auprès de nous l'image que nous avions de notre armée. Et ce n'était qu'un début.

Terrassés par le voyage de la veille et par cette journée riche en émotions, les cadres magnanimes nous accordèrent une soirée de répit. Une fois couchés toutes lumières éteintes, nous avons tous essayé de nous reposer. Mais je ne parvins pas à fermer l'œil de la nuit.

Le lendemain au matin, je fus réveillé par une voix puissante. Le temps d'ouvrir les yeux, le silence régnait à nouveau. Mais très vite, les haut-parleurs reprirent de plus belle :

- REVEIL DES AVIATEURS - je répète : REVEIL DES AVIATEURS.

Aussitôt levés, nous n'avions que quelques minutes pour nous laver et nous habiller. Malheureusement, si les douches étaient plutôt modernes, il n'y en avait que trois pour plusieurs chambres. Difficile de tous en profiter. Une fois habillés, nous avons pris la route du mess des hommes du rang au pas cadencé pour prendre notre petit déjeuner. Cette marche était la première sur une longue distance.

- *Pour un changement de direction vers la gauche: marche!*

Au mot « marche », nous devions commencer un virage à quatre-vingt-dix degrés sur la gauche. A l'extérieur du virage les hommes faisaient de longues enjambées pour rattraper leurs camarades qui les devançaient, tandis que les appelés situés à l'intérieur du virage piétinaient sur place. Je faisais partie de ces derniers.

Bizarrement, c'est en battant de la semelle que je pris conscience de ma nouvelle condition. Je ressentis une impression bizarre, mêlée d'impuissance, de colère, et de honte. Battre ainsi des pieds tout en restant sur place, me paraissait d'une stupidité sans égale. Et pourtant, j'étais bien obligé de le faire, les bras ballants et le pied gauche tapant fort le bitume, avec dans la tête toute la colère du monde.

De retour dans la chambre, ordre nous fut donné de ne plus en sortir. Mais progressivement, le couloir résonna d'un brouhaha impressionnant constitué de rires, de discussions et de voix de cadres qui tentaient de remettre un peu d'ordre et de discipline. L'un de nous voulut savoir ce qui se passait. Il ouvrit la porte de quelques centimètres et risqua sa tête par l'entrebâillement.

- *Les Dom Tom débarquent, les gars !*

Effectivement, une vingtaine de gars des DOM TOM venait d'arriver. Ils avaient fait le déplacement depuis leurs îles natales et étaient tous alignés dans le couloir. Les cadres leur avaient donné l'ordre d'ouvrir leurs sacs pour les fouiller. Aux dires de notre témoin, les bouteilles d'alcool en sortaient par dizaine. C'était certainement les provisions pour un long séjour de dix mois !

Nous étions tous très surpris. Au delà du prix que coûtait à la France le voyage de chacun d'entre eux depuis les Dom Tom, nous étions avant tout étonnés qu'ils n'aient pas été dispensés du fait de la seule distance. Nous nous sentions déjà bien éloignés de nos proches et de nos compagnes, mais ce n'était rien par rapport à ces gars qui n'avaient aucune chance de revoir leur famille avant l'année suivante. La plupart allait d'ailleurs passer Noël seuls sur la base aérienne.

Ces gars avaient une sacrée personnalité. Ils n'étaient pas facilement impressionnables et de ce fait étaient difficilement contrôlables. Pour cette raison les cadres avaient veillé à ne pas les concentrer dans une seule et même chambre. Un seul « Dom Tom » fut donc placé dans chaque chambrée, ce qui expliquait pourquoi un lit était jusqu'alors resté vacant dans la nôtre.

Celui qui nous avait rejoints était très sympa. J'eus moins de chance avec un de ses copains. L'incident eut lieu un matin dans les sanitaires, devant la porte d'une cabine de douche.

Le gars qui s'y trouvait prenait un peu trop de temps et tardait à sortir. J'attendais devant la porte avec un « Dom Tom » plutôt trapu qui n'avait pas l'air commode. Très énervé par l'attente, il se mit à menacer et à insulter en créole le gars qui se trouvait sous la douche. Pour lui montrer sa colère, il éteignit la lumière de la cabine en appuyant sur l'interrupteur qui se trouvait face à nous. Je rallumai la lumière en riant, et tentai d'expliquer au gars que ce n'était pas en plongeant notre ami dans le noir qu'il prendrait sa douche plus vite. Le mec me regarda et appuya de nouveau sur l'interrupteur. Je rallumai encore en lui expliquant encore plus gentiment mon point de vue. Le gars me fixa. Son regard était noir et n'annonçait rien de bon. Il me dit, avec un accent très exotique :

- Ecoute mec, je vais encore éteindre, et si tu rallumes, je t'éclate la tête.

Ceci étant dit, il appuya de nouveau sur l'interrupteur, se mit face à moi en croisant les bras et me fixa droit dans les yeux. Pendant quelques secondes, on aurait pu entendre une mouche voler. J'aurais pu aller jusqu'au bout de mes principes, mais j'avoue avoir été freiné par la carrure du gars. Je remisai un instant ma dignité au placard et abandonnai le combat. A l'intérieur de la cabine, le gars qui avait tout entendu ne faisait plus de bruit. Le pauvre n'osait carrément plus sortir !

Dans l'après-midi, une toute jeune femme d'à peine vingt ans se présenta à nous. Elle était sergent et responsable de notre section. Le treillis militaire n'est sans doute pas très sexy, mais il laissait apparaître chez elle quelques formes agréables, ce qui n'était pas pour nous déplaire. Elle nous annonça le programme:

- Je vais commencer par vous apprendre à faire vos lits. Il y a deux types de lit ; le lit en bataille pour le jour, le lit au carré pour la nuit. Vous devrez faire le premier en début de matinée, après le petit déjeuner, et le second en début de soirée, après le souper. Pour le lit en bataille, c'est simple. Vous pliez le drap en deux de cette façon (elle nous en fit la démonstration sur un des lits), *puis vous les roulez sur toute la longueur de manière à faire un boudin, puis...*

Les explications se succédaient devant nos yeux ébahis.

- Dernière remarque ! Veillez surtout à bien plier vos couvertures de sorte à faire coïncider les rayures ! Sinon, vous aurez des problèmes.

Elle passa ensuite aux explications concernant le lit au carré. C'était sensiblement ce que nous faisions habituellement, excepté que les quatre coins devaient être parfaitement, strictement, géométriquement carrés.

- Autre remarque important ! Comptez le nombre de rayures horizontales entre le cadre de lit et le début du drap. Vous devez tous avoir le même nombre. De même, tous les rebords de drap doivent avoir la même longueur, sinon vous serez punis. Vous êtes prévenus.

A cet instant précis, il fallait être très large d'esprit pour ne pas avoir l'impression d'être chez les fous. Il fallait presque un double décimètre pour faire les lits ! Mais ce n'était pas tout :

- Les déplacements au sein du bâtiment sont réduits au strict minimum, entre votre chambre et les sanitaires. Lorsque vous vous déplacerez, vous devrez impérativement marcher tête basse, silencieusement et lentement, en rasant les murs. Je ne veux voir personne déambuler au milieu du couloir.

- Autre chose ! Vous avez vu dans le couloir un bureau qui porte l'inscription « SEMAINE ». Dans ce bureau, le chef de chambre viendra déposer et retirer les clefs de la chambre. C'est dans ce bureau que vous viendrez demander l'autorisation pour téléphoner, ou pour fumer à l'extérieur du bâtiment. Interdiction de sortir sans cette autorisation. Et lorsque vous y serez autorisé, votre sortie sera chronométrée. C'est dans

ce bureau enfin que vous serez convoqués si vous êtes punis. Je vais maintenant vous montrer comment vous devez vous présenter devant la « Semaine », c'est à dire devant le cadre qui est de permanence à ce bureau.

Elle sortit de la chambre puis tapa trois coups sur la porte de la chambre. Elle entra le pied gauche en premier, le calot sur la tête. Toujours face à nous, elle repoussa la porte de la main gauche. Dans son dos, la main droite attrapa la poignée à l'aveuglette, et referma la porte délicatement. Du grand art ! Elle avança d'un pas et se positionna au garde-à-vous devant nous ; jambes serrées, les pieds à 10:10, les bras le long du corps, les mains droites et les pouces cachés.

De la main gauche, elle attrapa son calot et le plaça sous son bras. De la main droite toujours, elle nous exécuta un superbe salut militaire, la paume face à nous, les doigts droits et le pouce aligné sur les autres doigts. Elle ramena ensuite son bras le long du corps, puis elle nous récita le discours de présentation :

- Aviateur Machin, Contingent 93/12, première compagnie, première section. A vos ordres mon Lieutenant !

Elle simula une discussion puis prit congé. Elle refit le salut, remit son calot sur la tête, effectua un demi-tour droite aux allures de smurf, avança le pied gauche et saisit la poignée pour enfin sortir de la pièce.

A l'issue de cette brillante démonstration régnait dans la pièce un silence solennel. Nous savions que nous étions chez les fous, mais nous ne nous en étions pas encore vraiment rendu compte. Elle entra de nouveau et nous trouva médusés, immobiles :

- C'est simple, hein ?

Au bout de vingt minutes d'exercice, elle fit sortir l'un d'entre nous pour un premier essai grandeur nature. Le gars tapa à la porte, entra et se trompa à chaque mouvement. Visiblement, il n'avait pas compris. La jeune fille se plaça devant lui :

- Mettez vos pieds comme ça. Non, comme ça.

Je compris tout de suite que le gars avait de sérieux problèmes de latéralisation. Il lui était impossible d'imiter les mouvements s'ils n'étaient pas faits dans le même sens. J'en fis la remarque au sergent.

Elle se rangea à mon avis et se tourna pour faire dos à son élève. Elle avait ainsi les pieds dans le même sens que les siens.

- Regardez mes pieds, lui dit-elle.

Le gars baissa les yeux mais, c'était inévitable, au-dessus des pieds il y a les jambes et au-dessus encore un postérieur que la décence lui interdisait formellement d'entrevoir. Le pauvre avait donc plus souvent les yeux en l'air qu'en bas. Le sergent s'en aperçut :

- Mais regardez mes pieds, bon sang !

Au bout de trois ou quatre remarques, il baissa finalement les yeux et fixa les rangers du jeune sergent féminin. Elle reprit ses explications. Mais elle prit rapidement conscience du malaise général et de sa position particulière, légèrement penchée en avant avec son élève juste derrière. Elle eut comme un doute :

- Euh... vous ne regardez toujours que mes pieds, hein ?

Finalement, elle se sentit tellement mal à l'aise qu'elle se résigna à prendre l'un d'entre nous pour servir de modèle. Cette réaction pudique nous avait beaucoup amusés. Elle nous montrait qu'au delà de l'uniforme notre interlocutrice restait une jeune femme timide et dotée d'un certain sens de l'humour. Tout à coup, la porte s'ouvrit : le sergent féminin cria « FIXE », ordre qui annonçait l'entrée d'un officier.

C'était en effet un aspirant lieutenant qui venait se renseigner sur nos activités. L'aspirant était un appelé du contingent qui faisait son service militaire, tout comme nous. Après avoir fait l'Ecole des Officiers de Réserve, ce gars de vingt-et-un ans avait un grade d'officier qui le plaçait théoriquement au dessus des sous-officiers de carrière quelle que soit leur ancienneté, ce qui n'était pas sans poser quelques problèmes politiques au sein des cadres.

Il y avait de tout parmi ces jeunes officiers. J'en ai connu de très bons qui géraient leurs équipes en vrais professionnels, mais aussi malheureusement quelques uns qui abusaient honteusement de leur statut. Il demanda à la jeune femme ce que nous étions en train de faire.

- Je leur apprends à se présenter mon lieutenant, dit la jeune femme, sans préciser que nous n'en étions qu'au tout début des explications.

L'aspirant ne sembla guère convaincu. Il prit les choses en main :

- *Bon : on va voir ce que ça donne. Tout le monde dehors, en file indienne dans le couloir. Vous allez tous passer chacun votre tour.*

Une fois dans le couloir nous nous sommes tous posé de grandes questions sur cette présentation que personne ne connaissait vraiment.

- *Qu'est-ce que je dois faire en entrant, déjà ?*
- *Comment on fait le demi-tour droite ?*
- *Comment ci, comment ça ?*

Si les questions affluaient par dizaine, les réponses quant à elles manquaient à l'appel. Et le premier entra. Ca papotait dur dans le couloir, lorsque l'on entendit soudain des cris et des insultes provenant de la chambre. Le gars en sortit, blanc comme un linge, tandis que le lieutenant y allait de ses commentaires acerbes :

- *C'est nul ! J'espère que les autres feront mieux... ET SILENCE DANS LE COULOIR !*

Les gars passaient chacun leur tour et en sortaient invariablement d'une autre couleur. La majorité d'entre nous n'était nullement habituée à recevoir autant d'insultes de la part de quiconque sans avoir ni la possibilité de riposter, ni même celle de tourner les talons. Mais bientôt, ce fut mon tour. Je vis mon camarade sortir de la chambre, le visage rouge écrevisse :

- *Fais gaffe, il pose des questions tordues. Il m'a demandé si j'aimais l'armée. J'ai répondu non, et je me suis fait engueuler. T'as intérêt à dire oui.*

Je coiffai mon calot, tapai à la porte. Je collai mon oreille contre le bois, pour entendre l'autorisation d'entrer qui se fit longuement attendre. L'officier jouait avec nous. Il ne répondait pas tout de suite dans l'espoir de nous voir entrer sans permission, ou répondait d'une voix très faible dans le même but de nous prendre à défaut.

Lorsque je crus entendre la permission d'entrer, j'ouvris la porte et fis les mouvements qu'on m'avait appris. Je me retrouvai au final face à l'officier. Le sergent féminin était au côté de l'aspirant, les mains sur son visage, les yeux rougis. Elle était visiblement paniquée. Vint la question piège.

- Alors ! Vous vous plaisez bien à l'armée, aviateur Coupez ?

La question était tellement idiote et tellement directe qu'elle me conforta immédiatement dans mon idée que tout ceci n'était finalement qu'une vaste plaisanterie, une sorte de blague de potache. Car vraiment, tout ce cirque ne pouvait pas être sérieux !

A cet instant précis, j'avais la conviction que mon interlocuteur jouait un rôle, celui du méchant. Se plier au jeu me semblait être une preuve de mon sens de l'humour. J'attendais presque de voir chez l'aspirant un clin d'œil d'une seconde à l'autre. Je me l'imaginais au bord du fou rire, tellement ce qu'il me demandait était risible. Voulant faire preuve d'humour moi aussi, je donnais avec un grand sourire une réponse bête à cette question si volontairement stupide. Je répondis :

- Oui !

Le visage du sergent féminin disparut derrière ses mains. Je commençais à douter de mon analyse. L'aspirant s'approcha de moi :

- C'est bien vrai ?

Voyant le malaise du sergent féminin s'aggraver, je commençai à me dire que j'étais sur une bien mauvaise pente. Je répondis avec un rictus, plutôt même une grimace « ben... oui ? ». Il me regarda, dans le blanc des yeux, et imitant ma grimace :

- Ca veut dire quoi, (il fit la grimace) « ça » ?

Le sergent féminin acheva de se décomposer sur place. Je crus un instant qu'elle allait s'évanouir. Je cherchai une réponse :

- Peut être que je ne suis pas sûr ?

Il s'énerva :

- Je veux une réponse franche : vous sentez-vous bien ici ?

Sur le même ton, je répondis :

- NON !
- NON QUI ?
- NON mon lieutenant !

Il tourna en rond autour de moi.

- *Il y a une chose que vous devez savoir, aviateur Coupez. L'armée déteste les menteurs, et moi, je les déteste encore plus. Combien de fois avez-vous fait cette présentation ?*

Je pensais qu'il parlait de la présentation devant lui. Je répondis donc :

- *Une fois.*

Puis, je me suis dit qu'il parlait peut-être aussi de celle que l'on avait faite devant le sergent féminin. Je rectifiai :

- *Euh... non ! Deux fois.*

Il bondit devant moi :

- *Vous voyez ! Vous mentez encore ! Coupez, un dernier avertissement : mentez-moi une fois de plus, et vous allez le sentir passer ! Compris ?*
- *OUI MON LIEUTENANT*
- *Bon. Vous pouvez sortir.*

Après un tel entretien, la procédure de sortie m'était complètement sortie de la tête. Au hasard, je remis mon calot et m'apprêtai à commencer mon demi-tour droite. Il se mit devant moi en arborant un large sourire et me tendit la main comme pour me dire au revoir. J'hésitai. Ca sentait le piège. D'autant plus que derrière l'aspirant, je distinguais le sergent féminin, épouvantée, qui me faisait de grands signes de sémaphore pour tenter de me faire comprendre ce que j'avais oublié.

Paralysé, je restai devant le gars qui avait toujours la main tendue vers moi. Ne sachant que faire, je me résolus à achever mon demi-tour. Je le sus plus tard : j'avais en fait oublié de saluer. J'entendis le lieutenant soupirer derrière moi :

- *Il est vraiment trop con... VOUS REPASSEREZ COUPEZ, OK ?*

Et pour finir, il me dit avec une voix sourde :

- *Coupez, je me souviendrai de vous !*

Un silence de mort régnait dans le couloir. Le sergent chef, qui lui était un militaire engagé, nous rejoignit bientôt. On lui fit part de notre surprise devant la méthode de l'aspirant alors que nous étions tous de bonne volonté. Nous comprîmes très vite qu'il en était tout aussi victime que nous. Ce militaire qui avait plusieurs années de service à son actif se faisait tout autant insulter. Il en était malade.

Devant ce constat navrant, j'avais encore moins envie de retourner faire le mariole à l'intérieur. Je dus pourtant m'y résoudre. En toute logique, comme l'aspirant ne donnait jamais aux appelés les raisons de leurs échecs, tous refaisaient les mêmes erreurs ou en commettaient de nouvelles. Finalement, au bout de trois passages pour ma part, et deux heures d'attente pour tout le monde, le Lieutenant C., l'air féroce, abandonna ses proies en hurlant qu'il allait avoir du boulot avec nous.

A la fin de cette épreuve, notre sergent féminin nous rejoignit dans le couloir en dissimulant mal ses larmes.

Plus nous passions de temps dans cette base, plus nous étions déçus par le comportement des cadres. L'armée est un milieu privilégié pour ces individus sans vergogne qui profitent du pouvoir que leur confère un grade quelconque pour s'imposer aux autres par la terreur.

Au cours d'une des premières soirées, après une marche au pas cadencé, autorisation nous fut donnée de nous mettre à l'aise, en tenue de sport. C'est alors qu'un sergent chef débarqua dans la chambre. A quatre, nous criâmes « FIXE » et « GARDE A VOUS » en même temps, sans trop savoir quel ordre était le bon. De toute façon, nous ne connaissions pas encore les grades ! Le sergent chef nous toisa du regard, et nous dit :

- *Bonne nuit messieurs.*

Après son départ, nous nous sommes tous regardés, interloqués :

- *On peut se coucher alors ?*
- *Ben, je pense. Il nous a dit « bonne nuit » !*

Quelques minutes plus tard, nous étions tous allongés en caleçon dans nos lits étroits, lumière éteinte. Nous savourions nos premiers instants calmes de la journée.

Soudain, un bruit se fit entendre dans la chambre voisine. Une voix forte et puissante traversa les murs :

- *MAIS ILS ONT ETEINT ET ILS SONT COUCHES !*

A ces mots, nous nous sommes tous redressés tous sur nos lits. Le gars près de l'interrupteur alluma. Nous étions à l'affût du moindre bruit, sans bouger. A travers la fine cloison qui nous séparait de la chambre voisine, les cris montaient toujours :

- *DEBOUT ! DEBOUT ! OU VOUS CROYEZ-VOUS ?*

Nous sommes restés immobiles à nous regarder les uns les autres, ne sachant pas quoi faire. Des bruits de pas frappèrent le plancher, puis une voix faible s'éleva. Visiblement, le chef de chambre tentait de s'expliquer. La réponse du cadre ne se fit pas attendre :

- *J'VEUX PAS L'SAVOIR ! VOUS NE DEVEZ PAS VOUS COUCHER TANT QUE NOUS NE SOMMES PAS PASSES POUR LA REVUE !*

Evidemment, l'encadrement s'était bien gardé de nous mentionner ce léger détail. Tout ce cirque faisait d'ailleurs partie du scénario classique de soumission des nouveaux appelés, une sorte de bizutage digne des cours d'école.

D'un seul homme, nous avons tous bondi hors de nos lits en murmurant « merde merde merde » ! En quelques secondes, il fallut revêtir à nouveau la tenue de sport complète : pantalon, tee-shirt, veste et chaussures correctement lacées car bien évidemment, nous étions tous en caleçon. Quant à nos vêtements, tout était soigneusement enfermé dans les armoires qui étaient verrouillées. A travers le mur, on pouvait entendre plusieurs personnes compter péniblement.

- *Ils font des pompes*, expliqua un camarade de chambre.

Les bruits cessèrent et la porte claqua. Logiquement, ça devait être à nous. Tout le monde était prêt, chacun debout à côté de son lit, sauf Thierry, toujours en caleçon, et moi en tee-shirt. J'étais en train de me battre avec la manche de ma veste. J'en avais mis une, mais la seconde, retournée, restait toujours inaccessible. Je tournai sur place et lançai mon bras vers cette manche inaccessible, mais sans succès. Les bruits de pas s'approchaient de plus en plus et j'en étais toujours au même point avec cette foutue manche. La porte s'ouvrit, et quatre cadres entrèrent.

J'essayai encore de me battre avec ma veste pendant quelques secondes, mais cette ultime tentative échoua. Les lacets défaits, la veste pendue à l'une de mes épaules, l'autre manche retournée, je me mis au garde à vous le regard figé. Quant à Thierry, en caleçon avec son pantalon en bas des jambes, il n'avait pas l'air fin. L'officier nous regarda d'un air sévère :

- *Messieurs, nous vous donnons trente secondes pour vous vêtir correctement.*

Ils retournèrent dans le couloir, certainement au bord du fou rire. Il est vrai que la situation était pour le moins risible. J'eus juste le temps de lacer mes chaussures et d'attraper cette manche récalcitrante. Par contre, pour Thierry, tout allait mal. Tétanisé par la peur, il n'arrivait pas à enfiler son pantalon. Quant à la veste, n'en parlons pas.

Les quatre hommes furent rapidement de retour. Thierry n'était toujours pas entièrement habillé. Le pauvre ne savait plus quoi faire. Au hasard, il se mit au garde-à-vous. Machinalement, probablement influencé par la télé, il fit aussi un très beau salut militaire avant de se rappeler que celui ci était strictement interdit en tenue de sport. Il enchaîna alors sur un superbe et mémorable « Oh merde! » le salut toujours porté devant les gradés médusés. Du grand art burlesque.

Passant outre ce crime de lèse-majesté, l'aspirant C. mena l'inspection de la chambre. Il passa la main sur le dessus des armoires : « Beurk ! ». Il inspecta le sol : « Pas propre » ! Puis, il demanda à toute la chambrée :

- *J'espère que vos tables de nuit sont vides, messieurs !*

Il n'eut en réponse qu'une espèce de gazouillis :

- J'AI PAS ENTENDU !
- OUI MON LIEUTENANT !
- Je peux vérifier alors ?
- OUI MON LIEUTENANT !

A cet instant précis, nous avions à faire face à deux problèmes. Le premier, c'était que personne n'avait pris la peine de nous expliquer que nos tiroirs devaient toujours être vides. Le second était que nous venions tout juste de prendre possession des lieux.

En conséquence, personne n'avait encore eu l'occasion d'utiliser ces fameux tiroirs, et à plus forte raison, d'en vérifier le contenu. Nos prédécesseurs avaient donc très bien pu laisser quelques effets personnels, ou pire, un vieux mouchoir sale. Notre réponse clamée en chœur était donc pour le moins imprudente.

Il se dirigea alors vers la table de nuit d'un camarade, puis brusquement, changea de direction pour venir face à moi. Il mit son visage à quelques centimètres du mien :

- *Vous êtes d'accord pour que je vérifie la vôtre, Coupez ?*
- *OUI MON LIEUTENANT.*
- *Très bien.*

Il se dirigea alors vers ma table de nuit et l'ouvrit. Je restai immobile et silencieux, les yeux rivés sur le plafond, résigné. J'attendais un hurlement, un aboiement ou tout autre cri. Il se remit devant moi et me dit d'un air déçu :

- *Vous avez de la chance.*

Les quatre hommes repartirent ensuite comme ils étaient venus, le buste droit, fiers comme des coqs de ferme. Nous sommes tous restés immobiles pendant plusieurs minutes. Nous les estimions assez vicieux pour revenir nous tomber sur le dos dans l'espoir de nous surprendre vautrés sur nos lits. Et nous n'avions pas tort. Quelques minutes plus tard, sans que nous ayons pu l'entendre arriver, l'aspirant C. fit violemment irruption dans notre chambre. Il se retrouva tout étonné devant nous sept, toujours au garde-à-vous à la droite de nos lits respectifs. Il ressortit l'air idiot, en murmurant entre ses dents :

- *Bien, bien...Très bien...*

Les journées se suivaient et se ressemblaient. Lever 5:45, toilette sur le pouce, habillage en coup de vent, départ vers le mess pour le petit déjeuner. Retour. Instruction dans les chambres ou au ciné base pour des conférences, il est vrai, souvent intéressantes.

Les conférences étaient de vrais pièges pour ceux qui n'avaient pas l'habitude de suivre des cours. Fatigués par le stress et les nuits trop courtes, nombreux étaient ceux qui, bercés par la douce voix de l'intervenant, tombaient rapidement entre les bras de Morphée. Mais les gardes ouvraient l'œil, toujours à l'affût d'un imprudent. Chaque appelé surveillait donc son voisin dans le but de lui éviter quelques problèmes. Certains, malheureusement, ne purent être sauvés.

Mais les plus grandes épreuves de la journée étaient les revues de chambre et les appels du soir. Tout était fait pour que cela se passe mal.

Nous avions beau nettoyer, laver et récurer la chambre entière, les cadres trouvaient toujours quelque chose à redire. Ils débusquaient de la poussière à l'endroit même où, quelques minutes auparavant, l'un d'entre nous avait passé un chiffon humide. La journée était encore plus dure pour le chef de chambre à qui incombait la lourde tâche d'aller chercher et déposer la clé de la chambre au bureau de la « Semaine ». Il devait prendre sur lui toutes les erreurs commises par l'ensemble de ses camarades.

Mais ce que je supportais le moins, en plus de cette vie de dingue, c'était les difficultés que nous avions à joindre nos proches. Le droit de téléphoner tout d'abord supprimé pendant les quatre premiers jours, restait ensuite fortement restreint. Le téléphone était un luxe que nous étions peu nombreux à pouvoir nous offrir. Pour commencer, le nombre de cabine était extrêmement réduit. A l'extérieur des bâtiments se trouvaient seulement trois cabines téléphoniques pour deux cents appelés. Les créneaux horaires étaient volontairement limités ; trente minutes par jour pour les deux cents gars.

S'ajoutaient à tout cela la queue dans le couloir pour demander la permission, la présentation « réglementaire » dans le bureau de la « Semaine » afin de décrocher l'autorisation au prix de quelques humiliations supplémentaires, puis la queue devant les cabines. Tout cela pour deux minutes de coup de fil ! Autant de contraintes qui nous faisaient souvent préférer l'écriture. Mais pour écrire, il fallait du temps. Je me souviens d'une lettre écrite à ma compagne pour lui donner mon adresse. Je l'avais écrite à même le sol, pendant la séance matinale d'habillage. Elle contenait une dizaine de mots, adresse comprise !

Autre gâterie à laquelle nous ne nous attendions pas ; la chanson du contingent. Ce chant était une rengaine vantant nos mérites militaires. Tout un programme. Nous devions la chanter très souvent, essentiellement pendant les marches. L'air était celui du célèbre opéra « AIDA », avec des paroles dignes de la grande époque des colonies françaises. Le plus fort dans cette histoire, c'est qu'à aucun moment au cours de mon service je n'ai eu à chanter la Marseillaise. Heureusement d'ailleurs, car je n'en connaissais pas les paroles, et je ne les connaîtrai probablement jamais.

Les paroles étaient, disons-le, déconcertantes :

C'est nous, c'est nous,
Les descendants des régiments d'Afrique
Les grands fantassins, les chasseurs, les goumiers,
Les paras, les paras,
Gardiens, gardiens,
Et défenseurs d'empires magnifiques,
Sous l'ardent soleil,
Chevauchant sans répit leurs fiers coursiers...
Toujours prêts à servir,
A vaincre ou à mourir,
Nos cœurs se sont unis,
Pour la patrie, la la la.
Trompettes trompettes,
Au garde-à-vous !
Sonnez, sonnez à l'étendard,
Et que fièrement, dans le ciel,
Montent nos trois couleurs, trois couleurs.
Le souffle, le souffle de la France,
Anime la fanfare,
Et met à chacun,
Un peu d'air, du pays,
Au fond des cœurs.
C'est notre volonté,
De vaincre ou de lutter,
De consacrer nos vies,
A la patrie, la la la...

Mais c'étaient les interminables attentes qui nous minaient le plus le moral. Un camarade nous avait d'ailleurs dit un jour d'un air songeur :

- *L'armée, c'est l'école de la patience.*

Et il avait raison. On attendait pour tout, et surtout pour rien. On attendait le matin, le midi et le soir avant et après chaque repas. On attendait que les places se libèrent, alignés devant le mess comme je l'étais à l'école primaire devant la cantine. Là où nous attendions, le sol était couvert des crachats des deux cent appelés du contingent qui crachaient par habitude ou par amertume.

On attendait aussi pour les rares séances de tir, pour les visites médicales et les parcours administratifs. On attendait lors de la perception des armes mais aussi au moment de les rendre. On attendait pour pouvoir téléphoner, prendre une douche ou aller aux toilettes. Dans les chambres, on attendait aussi un hypothétique rassemblement, assis sur nos tables de chevet. On évitait de s'asseoir sur les lits, de peur de froisser les draps. On ne faisait qu'attendre.

Le plus dur dans ces moments n'était pas l'attente en elle-même, mais les pensées qui traversaient nos esprits pendant tout ce temps gâché. Tout au long de mon service militaire, ma pensée principale se résumait ainsi « Qu'est-ce que je fous là ? ». Je pensais à tout ce temps perdu pour ma carrière. Je pensais au loyer de mon appartement qu'il me fallait continuer de payer et aux malheureux 500 francs (76 €) mensuels que l'armée me donnait généreusement.

Je pensais aussi à toutes ces années passées au collège, au lycée et à l'université. Toutes ces années à apprendre, à se former. Toutes ces années pendant lesquelles les enseignants nous ont expliqué l'importance de la libre pensée, de l'esprit critique. Voltaire, Montaigne, les droits de l'homme. Tous ces discours sur la liberté d'action, de pensée et de parole ! Tous ces encouragements à l'autonomie et à l'initiative. Tout cela pour finalement être obligé de subir sans broncher insultes et humiliations. Quelle leçon ! Et qu'on ne me dise pas que pendant ce temps je servais la France. Je ne servais personne, et surtout je ne servais à rien !

Les perpétuelles menaces de punition étaient un autre problème. Lorsqu'on est adulte, se faire punir pour un lacet défait, c'est difficile à avaler.

La punition était l'arme idéale pour discipliner les troupes. Les cadres punissaient pour une chambre jugée trop sale, pour un retard de quelques secondes au rapport, pour un lacet défait, pour une insolence petite ou grande. Les prétextes étaient nombreux. Ma première menace de « punition » fit resurgir en moi des souvenirs de ma petite enfance. On était loin de la vision idyllique de cette armée qui allait faire de nous des citoyens adultes. Avant d'y parvenir, elle nous réduisait à l'état de gamins irresponsables.

Je mentirais en affirmant avoir subi ou vu des punitions corporelles. Ce ne fut jamais le cas. Les punitions qu'on nous infligeait étaient surtout des petits affronts, des humiliations ou des contraintes supplémentaires. Les plus légères étaient les « TIC » ou Travaux d'Intérêt Collectif qui consistaient à nettoyer les sanitaires (douches ou toilettes) avec ou sans produit ménager, avec ou sans matériel adapté. Les punitions les plus pénibles étaient souvent collectives, comme des marches au pas cadencé tout autour de la base. Avec le recul, on comprend vite que ces punitions étaient surtout des prétextes à l'entraînement.

Tous les cadres ne déployaient pas la même énergie à punir. Certains punissaient souvent et durement, d'autres peu, voire jamais. Le «scratch» était l'outil suprême de la punition. L'acte de punir se concrétisait par le retrait du velcro accroché à la veste du puni. Le bruit ressemblait à une déchirure censée évoquer une dégradation humiliante. Le soir, ce velcro rejoignait sur la table de la « Semaine » ceux des autres punis. Etaient désignés de cette façon la plupart de ceux qui allaient faire ces fameux « TIC », Travaux d'intérêt Collectif.

Le retrait du « scratch » faisait l'objet d'un grand cérémonial. Chaque cadre avait son propre style. Les militaires les plus sobres les retiraient d'une façon tout à fait normale. D'un coup sec, l'affaire était faite. Les plus fêlés avaient développé une technique plus originale. Alors que le puni était au garde-à-vous, face au cadre, ce dernier se saisissait d'un bout du velcro sans le retirer et donnait à l'appelé l'ordre suivant : « A droite, droite ! ». L'appelé faisait alors un quart de tour sur la droite et retirait son velcro de lui-même.

La punition la plus vicieuse tombait pendant les conférences. Confortablement installés dans les fauteuils moelleux de la salle de cinéma, quelques appelés sombraient sans s'en rendre compte dans un profond sommeil. Les camarades veillaient généralement au grain et réveillaient leurs voisins imprudents. Mais ce n'était quelquefois pas suffisant pour tromper la vigilance de cadres qui arpentaient les rangées à la recherche d'un malheureux endormi. Lorsqu'il en repérait un, le cadre se faufilait entre les rangées. Il progressait alors lentement et discrètement vers le malheureux, comme un loup vers sa proie. Avec un sourire sadique, il faisait signe aux voisins de ne pas réveiller le fautif. Arrivé à sa hauteur, le cadre prenait délicatement le scratch du bout des doigts et doucement, avec un plaisir non dissimulé, il le détachait sur toute sa longueur. C'était le bruit du velcro qui réveillait progressivement le pauvre imprudent, une punition à la clé.

Mais la contrainte la plus gênante restera pour moi les problèmes d'hygiène. La première chose qui me surprit lorsque l'on perçut nos effets militaires fut le nombre de chaussettes, de tee-shirts et de sous-vêtements. Pour les trois semaines de classe, je disposais en tout et pour tout de deux paires de chaussettes, deux tee-shirts de combat et deux slips. J'étais venu avec un petit stock de sous-vêtements personnels, mais l'ordre était formel : interdiction de mettre des vêtements non militaires. En trois semaines, je ne pus laver mes sous-vêtements qu'une seule fois. C'était pendant ma permission de Noël, chez moi. Pour le reste, pas de lessive possible. Impossible de trouver le temps de laver quoi que ce soit, même dans le lavabo. Surtout, impossible de laisser sécher puisque tout vêtement devait être rangé dans les armoires, de jour comme de nuit.

Je fus donc obligé de baigner dans mon jus, de faire durer le plus possible chaque paire de chaussettes et chaque tee-shirt ainsi que de gérer savamment mon stock de sous-vêtements. Mais malgré l'intensité de mes efforts, après plusieurs marches au pas cadencé et quelques courses au pas de charge, les vêtements étaient imprégnés d'une odeur qui en disait long sur les efforts fournis. S'ajoutaient à tout cela la pression que mettait l'encadrement le matin, et le peu de temps dont nous disposions avant de partir prendre notre petit déjeuner. Pour éviter d'avoir les cinq secondes de retard qui allaient faire de nous de dangereux criminels, mes camarades et moi ne prenions plus de douche. Les dernières journées furent donc particulièrement odorantes.

Pour nous tenir en main, l'armée nous punissait, mais elle promettait aussi des promotions aux meilleurs éléments. L'encadrement ne cessait jamais de le répéter. A tout moment, les meilleurs d'entre nous pouvaient prétendre à une formation complémentaire si leur niveau le permettait, soit pour être sous-officier, soit pour être officier de réserve (aspirant). Cette possibilité d'évolution était la seule carotte que les cadres pouvaient nous proposer pour nous motiver. Hélas pour eux, la très grande majorité n'y voyait pas le moindre intérêt.

Pourtant, quelques-uns parmi nous auraient bien voulu tenter leur chance. Ils estimaient que c'était là l'occasion de faire un service militaire intéressant, de participer à la gestion des hommes et de s'impliquer plutôt que de subir. Ils avaient une vision professionnelle de la chose et envisageaient cette possibilité comme un engagement sérieux et responsable. Malheureusement, ils déchantèrent très vite. En voyant le comportement affligeant de certains cadres et particulièrement celui des aspirants, ils comprirent vite que leur conception de l'autorité et du management n'était pas compatible avec celle de l'armée.

Certains restaient tout de même intéressés. Je me souviens plus particulièrement de l'un d'entre eux qui souhaitait passer les EOR (Ecole des Officiers de Réserve) pour devenir aspirant. Ce gars était tout simplement ignoble. Il copiait bêtement le comportement arrogant des cadres et s'adressait à ses propres camarades comme à des chiens, dans l'espoir que son excellent comportement soit repéré par un cadre. Son cas était assez révélateur de l'exemple déplorable que donnait notre encadrement aux appelés les plus jeunes et les plus influençables. Pour accéder à plus de responsabilité, il avait compris qu'il lui suffisait simplement d'adopter le comportement le plus répugnant possible.

Tout au long des classes se sont enchaînées les formations et instructions de plus ou moins bonne qualité. L'instruction visant à nous enseigner la marche au pas cadencé était l'un des petits plaisirs qu'on nous réservait.

La marche au pas cadencé (MAP) consistait à faire circuler toute une compagnie de soldats de façon uniforme. Lorsque l'on voit un défilé, tout paraît très simple, mais dans la pratique ce n'était pas si évident. Il fallait déjà être correctement positionné. Pour cela, les appelés devaient mesurer l'espacement entre eux en tendant le bras en direction du gars devant du gars à droite. Ensuite, il fallait démarrer au même moment, du même pied et s'arrêter en même temps, toujours sur le même pied. Tout ceci relevait de la haute voltige !

Pour piloter l'ensemble, les cadres disposaient d'un ensemble d'ordres précis. « Pour une direction inconnue » ou « En direction du mess » étaient des indications dont le but était de nous préparer à nous mettre en marche. « En avant » était l'ordre préparatoire. Nous avions alors le pied droit prêt à partir. « Marche ! ». A cet ordre, tous les appelés lançaient leur pied droit en avant pour une marche cadencée. Pendant toute la route, le cadre battait la mesure en criant « une deux une deux » et à chaque chiffre correspondait un pied. « Section, à mon commandement ! » nous indiquait que l'arrêt était imminent. « Halte ! » A cet instant tout le monde devait s'arrêter du même pied. Ce n'était pas si simple.

Cela va sans dire, les premiers jours ont été un enfer. Personne n'était capable de démarrer correctement ni de marcher sur le même pas. C'était alors un désordre sans nom. Au bruit des bottes s'ajoutaient les ordres et contrordres des cadres, mêlés à leurs insultes diverses et variées, aux jurons étouffés des appelés.

Et ce n'était pas tout ! Il ne suffisait pas d'ajuster le mouvement des pieds sur celui de l'appelé précédant, il fallait aussi effectuer un savant balancement des bras d'avant en arrière, dans le même rythme bien entendu. Là, certains d'entre nous ont souffert plus que d'autres. Car dans chaque section il y avait toujours deux ou trois pauvres gars qui souffraient de quelques difficultés supplémentaires telle que l'impossibilité pour eux de synchroniser pieds et bras. Une fois repérés, ils étaient alors soumis à un entraînement personnalisé. Devant toute la section et quelques cadres hilares, ces pauvres bougres rouges de honte devaient défiler seuls. Ils marchaient comme des robots, les bras raides et essayaient désespérément de synchroniser le tout, sans aucun succès. Un ou deux sous-officiers les insultaient copieusement :

- Ma parole, il a été fini au pipi celui-là !

Quand les cadres comprenaient qu'il n'y avait plus d'espoir, ces «misérables» étaient mis de côté. Ils devenaient alors les « psychos », définitivement déclarés trop cons pour marcher en section. Auprès de ces jeunes, l'armée a vite perdu tout son crédit.

La marche au pas cadencé, c'était aussi le tri par la taille. Les grands devant, et les petits derrière. Les plus grands avaient donc l'immense privilège d'être sur le devant de la scène. Les premiers jours furent particulièrement pénibles pour eux. Aucune faute ne leur était pardonnée.

Il y avait aussi le chant du contingent que nous avions l'immense honneur de chanter à tue-tête pendant les marches. L'ordre tombait ainsi :

- *Elève chant ! Le TON pour le chant !*

L'élève chant était ce pauvre gars qui avait été choisi au début des classes pour la « qualité » de sa voix. Il devait commencer seul le chant, pour donner le ton. Après avoir littéralement gueulé les premières mesures tout en marchant, le cadre hurlait « trois... quatre ! » et à quatre toute la section était censée reprendre le chant en chœur. Que du bonheur !

En quelques jours, nous avions appris sous la menace la majeure partie du b.a.-ba de la vie militaire ; nous habiller, nous présenter, parler, marcher. Nous abordions alors la véritable phase d'instruction à savoir les cours en classe. Et comme des enfants nous sommes partis un beau matin vers les salles de classe, le cahier dans une main et le stylo dans l'autre. Nous allions y passer chaque jour deux heures pour les premiers cours, puis une heure pour les cours suivants, et pour finir quinze minutes. A la fin, tout le monde en avait marre, cadres compris.

Les profs étaient des membres de l'encadrement et les salles ressemblaient à de vraies salles de cours avec un tableau, des tables et des chaises. Il ne nous manquait que le cartable pour retourner définitivement en petite enfance. Les cours couvraient tous les domaines militaires ; fonctionnement du système de défense de la France, fonctionnement des bases aériennes, grades, armes utilisées, nucléaire, secourisme, lecture des cartes. Certains cadres étaient de bons profs mais d'autres étaient très nuls ou ne se sentaient pas réellement à l'aise dans leur rôle.

- Bon, alors. Je suis le sergent T. et je vais vous apprendre, hein, à vous orienter sur le terrain. Bon. Alors y'a des étoiles, et elles peuvent aider, hein. Pour l'instant vous comprenez ? Bon. D'abord, est-ce qu'il y en a parmi vous qui s'y connait en étoiles ?

Un gars derrière moi leva le doigt.

- Ah ? Vous ? Vous êtes amateur d'astronomie ?

Le gars, sincèrement embarrassé, répondit :

- Oui, afin, …. Je suis en train d'écrire une thèse pour mon doctorat en astrophysique.

Et c'était vrai. Le pauvre sergent devint blême. Nous pouffions tous de rire puis il se reprit, et finit par en rire lui aussi. Le pauvre fut bien incapable de terminer son cours. A chaque mot prononcé, il demandait l'avis de l'expert :

- Bon, euh, j'dis pas trop d'conneries ? Non ?

Jusque là, nous n'avions pas encore tiré un seul coup de feu. Les amoureux de la gâchette étaient très déçus. La seule arme que nous avions vue était un pistolet mitrailleur qu'un cadre nous présenta un jour pendant un cours théorique. Mais le grand jour était arrivé et après quelques heures d'explications, nous allions enfin passer à la pratique.

Plusieurs jours avant la date du premier exercice de tir, les plus jeunes appelés du contingent étaient excités comme des gamins. Ils s'imaginaient déjà devant la cible, se jetant dans des tranchées en tirant des rafales dans toutes les directions. L'arme que nous allions utiliser ne sortait pas de l'arsenal de Rambo. Il ne s'agissait pas même du fameux « Famas » des autres unités, mais du tristement célèbre « PM MAT 49 », un pistolet mitrailleur datant des années cinquante. Mon père qui a fait son service en Algérie en 1960 avait exactement le même. Autant dire qu'il s'agissait d'une vraie pièce de collection. A la vue de la relique, les plus excités déchantèrent subitement.

La faiblesse des crédits alloués ne se ressentait pas seulement dans les armes. Les cartouches elles aussi étaient rationnées. Sur toute la durée de nos classes, nous n'avons eu droit qu'à deux chargeurs de vingt cartouches chacun, sur deux séances de tir et pendant les neuf mois de mon service, je n'ai pu effectuer que deux ou trois séances. Lors de ma dernière séance d'entraînement, faute de munitions, nous avons tiré des petits plombs de fête foraine avec des pistolets à air comprimé ! Les ennemis de la France peuvent trembler. Les appelés du service national sont de véritables combattants aguerris.

Mais revenons à cette première séance de tir. Les consignes étaient très strictes. Nous avions remarqué que les cadres étaient été plus calmes avec nous la journée qui précédait la séance. Ce n'était pas par bonté d'âme. Ils allaient nous confier une arme à tir automatique et visiblement, cette perspective les rendait nerveux. Nous étions donc prévenus. Au premier mouvement suspect, un cadre placé derrière chaque tireur avait pour consigne de nous assommer sans sommation. Info ou Intox ? Toujours est-il que derrière les traditionnels souffre-douleurs de l'encadrement étaient postés deux cadres.

Mon score au premier entraînement fut pour le moins minable. Quatre impacts sur quarante cartouches tirées. J'avais pourtant bien visé la cible, mais j'ignorais qu'avec le PM MAT 49, ce n'était pas la bonne méthode. J'améliorai ce score au second entraînement avec dix-neuf impacts sur quarante cartouches, en visant à côté. D'autres avaient des scores pour le moins étonnants. Un de nos camarades, excellent tireur, n'avait rien mis dans sa cible tandis que son voisin nul en tir avait fait un score de vingt-quatre impacts sur vingt cartouches tirées. Cherchez l'erreur !

S'il y a bien une chose que nous avions comprise dès les premiers jours des classes, c'est que les cadres saisissaient toutes les occasions pour nous punir ou nous humilier. Quand ce n'était pas pour un salut bancal, c'était pour un lacet mal serré, ou un retard d'une seconde au rapport. Nous avions aussi rapidement réalisé que la chambre dans laquelle nous vivions était une mine inépuisable de prétextes à ces brimades. Pendant leurs classes, tous les appelés consacraient donc une énergie folle au nettoyage en vue des fameuses inspections du soir. Les chambres des centres de formation militaire devaient certainement être les lieux les plus propres de France.

Tout y passait. Le sol et le dessous des lits bien sûr, mais aussi les dessus et dessous des armoires. Chaque inspection ajoutait à la liste un nouvel élément à nettoyer pour la fois suivante avec la ferme résolution qu'ils ne nous auraient plus. Mais c'était sans compter avec l'intelligence vicieuse des cadres les plus fêlés qui regorgeaient d'idées toutes plus tordues les unes que les autres.

Il y avait par exemple l'inspection de la propreté des radiateurs ; le cadre prenait un calot et le laissait tomber entre le mur et le radiateur. La poussière collée au tissu signait l'arrêt de mort de la chambrée. Secouer les châssis des lits pour faire tomber les poussières, contrôler le dessus des portes et le dessous des pieds de chaise, vérifier la poussière déposée sur les ampoules, ou la propreté de la poubelle apportait les prétextes nécessaires aux diverses punitions. Les cadres allaient jusqu'à vérifier la propreté des prises électriques, des rebords en plastique jusqu'aux trous des prises. Vicieux mais imparable !

L'inspection de chambrée commençait toujours par un appel sur les haut-parleurs des bâtiments :

- *Début de la revue de chambre !*

A partir de cet appel et jusqu'au message « Fin de la revue de chambre », nous devions rester debout et immobiles chacun à côté de nos lits respectifs. L'attente pouvait durer entre une et deux heures. Les cadres arrivaient souvent par surprise mais même leur départ n'était pas une délivrance. Un retour sur la pointe des pieds était toujours envisageable. Nous l'avions déjà expérimenté.

Lorsque les cadres entraient dans la chambre, le chef de chambre devait débiter haut et fort le « rapport ». L'objectif était de présenter la chambre ; nombre d'occupants, nombre d'absents, etc. C'était un exercice solitaire. Le chef de chambre représentait ses camarades et prenait donc sur lui toutes les erreurs individuelles. Erreur ou pas, il était de toute façon rare qu'une inspection se passe bien. Il y avait toujours deux ou trois choses qui justifiaient des coups de gueule au minimum, des punitions les meilleurs jours.

Certaines inspections se passaient même parfois très mal. Quelques camarades dans les chambres voisines ont eu leur armoire vidée sur le sol pour avoir oublié de la fermer à clé. D'autres se sont vus coiffés de la poubelle qu'ils avaient eu la mauvaise idée de ne pas vider. Cette poubelle de chambrée est restée une énigme dans mon service militaire. Je n'ai jamais compris son utilité puisqu'elle devait constamment être vide à toute heure de la journée. Elle servait juste à se faire punir. C'est pourquoi nous gardions tous nos déchets dans nos poches !

Au bout de trois jours seulement, nous avions le sentiment d'être à l'armée depuis trois mois. Le temps était démultiplié par le stress continuel. Nous ne savions jamais ce qui pouvait arriver l'heure, la minute ou la seconde suivante. Nous nous sentions sans défense, à la merci des cadres qui semblaient avoir sur nous tous les droits. En ce qui nous concernait, il était désormais clair que nous n'en avions plus aucun. Nous ne nous sentions ni citoyens, ni militaires, mais plutôt prisonnier de droit commun. Notre statut social semblait être suspendu le temps du service national.

Le premier dimanche sur base, le padre nous avait donné rendez-vous pour la messe. Egal à lui même, il nous avait accueillis dans la salle de cinéma avec son « bonjour » sincère et amical. Il nous expliqua une nouvelle fois nos droits à la pratique religieuse et nous proposa d'assister à la messe dominicale. Au programme : un quart de religion, trois quarts de musique avec des musiciens recrutés parmi nous. Il s'adressa à nous en ces termes :

- Maintenant, je vais demander à ceux qui veulent venir assister à la messe de se lever. Mais attention ! Je veux que vous vous leviez franchement. Je ne veux pas en voir qui se lèvent parce que les copains se sont levés. Ok ? Attention, les volontaires, levez-vous !

Je ne suis pas croyant, mais j'avais décidé d'y aller. C'était à mon sens le seul moyen d'avoir un peu de sérénité dans cette ambiance de fous. J'espérais tout de même que nous soyons plus qu'une poignée de volontaires. Au signal, je me levai. Et je n'étais pas le seul. Sur les deux cents appelés, les trois quarts étaient debout. Les volontaires pour la messe, dont je faisais partie, prirent alors le chemin de l'église. Pendant une heure et demie, les chants se succédèrent à un rythme effréné dans une ambiance d'euphorie que je n'ai jamais plus retrouvée dans une église.

Pour les autres, l'encadrement avait annoncé une séance de sport et un match de foot. Ils n'ont pas été déçus. Dans l'attente de notre retour, ils furent contraints à chanter le chant du contingent à tue-tête pendant deux heures, chacun leur tour !

Les rassemblements sur la place du rapport étaient une autre de ces choses que les cadres affectionnaient particulièrement. Ils plaçaient les brimades sous le couvert d'exercices d'évacuation d'urgence des bâtiments. Et pour cela, ils n'hésitaient pas à nous mettre en réel danger.

A l'appel du micro, les deux cents appelés du contingent devaient débouler ventre à terre, et se poster sur le bitume de la « place du rapport ». Evidemment, les jeunes aspirants estimaient à chaque fois que nous mettions beaucoup trop de temps pour évacuer les deux bâtiments. Ils nous donnaient même des chronométrages précis : huit minutes et quarante secondes, neuf minutes et dix secondes... Ces temps paraissaient en effet énormes.

Mes camarades et moi-même étions perplexes : quel phénomène spatio-temporel pouvait-il se déchaîner sur nos têtes, pour que le temps qui s'écoule si lentement d'habitude passe en un éclair au moment où il ne fallait pas ?

Pour en avoir le cœur net, je décidai de lancer mon chrono personnel à l'instant même du départ, et de l'arrêter à notre arrivée. Deux minutes et quarante secondes, voici qui était mieux. Nous étions de nouveau alignés sur la place du rapport. Lorsqu'un des aspirants nous reprocha :

- *Messieurs, nous ne sommes pas contents de vous. Vous avez encore mis dix minutes à arriver. C'est trop ! Vous allez donc retourner dans vos chambres, et revenir lorsque nous lancerons de nouveau l'appel.*

Devant tant de sottise, que pouvions-nous dire, que pouvions-nous faire? Quelle crédibilité ces hommes pensaient-ils avoir auprès de nous ? A peine de retour dans la chambre, l'appel résonna de nouveau. La cinquantaine de gars de notre étage se précipita en courant vers l'escalier d'un mètre quarante de large. Un sergent chef féminin plus responsable que ses chefs nous criait :

- *Pas si vite ! On s'en fout de la vitesse ! Ne vous tuez pas dans les escaliers !*

Alors que nous étions de nouveau en formation, l'aspirant dit:

- *Toujours trop lent ! Retournez dans vos chambres !*

A quelques mètres de moi, un sous-officier de l'encadrement regardait fixement l'aspirant. Je l'entendis murmurer entre ses dents : « *Pauvre con !* ». C'était éloquent.

Troisième appel. Les bruits de la course résonnèrent une nouvelle fois sur le plancher fragile du bâtiment. Il ne s'agissait plus d'une simple marée humaine, mais d'un troupeau d'animaux comme affolés par un prédateur qui écrasait tout sur son passage. Tout le monde hurlait : « *Plus vite ! Plus vite !* » sans se rendre compte que nous n'irions jamais assez vite pour ces irresponsables qui nous commandaient.

Le jour était maintenant tombé. Nous étions au rez-de-chaussée et courions comme des dératés pour reprendre le plus vite possible nos places sur le bitume. Soudain, la lumière commandée par un minuteur s'éteignit. Nous étions alors une centaine de gars à courir dans un couloir étroit, aussi vite que possible sans voir où nous posions les pieds. Je criai:

- *STOP ! STOP ! On ne voit plus rien !*

Mais rien n'y fit. Personne ne ralentit, et je ne pouvais m'arrêter sans provoquer un carambolage. Tout à coup, je sentis un pied se poser violemment sur l'arrière de mon brodequin. Stoppé net dans mon élan, je basculai en avant et m'étalai de tout mon long. Je me recroquevillai aussitôt, cherchant à protéger ma tête de la vingtaine de gars en train de me tomber dessus.

Les moins affolés ralentirent l'allure et nous aidèrent à nous relever. Heureusement, personne ne fut blessé. Relaté ensuite aux cadres les plus responsables, l'incident resta sans effet. Seul un sergent nous répondit avec résignation:

- *Que voulez vous ! Tant qu'il n'y a pas de blessés, on ne peut malheureusement rien faire !*

La haine de l'Aspirant C. et de ses ordres stupides devint telle que les plus violents d'entre nous projetèrent de monter contre lui une véritable expédition punitive. Les cadres eux-mêmes s'opposaient vivement à lui et ne s'en cachaient plus. Il n'était pas rare de surprendre un sergent en pleine dispute avec l'aspirant.

- *Bon, les gars, j'ai une mauvaise nouvelle. C'est l'aspirant Lieutenant C. qui est aux commandes ce soir !*

Ce sont par ces mots que notre sergent-chef nous apprit un soir que l'aspirant C. allait s'occuper personnellement de nous pendant toute la soirée. Une fois de plus, la revue de chambre promettait d'être folklorique. Qu'allait-il encore inventer pour nous coincer? Bientôt, ce fut l'heure. Le fou entra, inspecta minutieusement toute la chambre et nos tenues :

- *Bon, y'a rien à dire, c'est parfait. Bonne nuit !*

Trois minutes ! Il n'était resté que trois minutes, un vrai miracle. Nous étions encore sous le choc de la surprise lorsque les consignes retentirent par le haut-parleur :

- *Extinction des feux dans quelques minutes !*

Quelques instants plus tard, nous étions déjà couchés. Un sergent passa et contrôla. Après son départ, un peu inquiétés par la trop bonne tournure des évènements, nous avons sagement attendu l'ordre d'éteindre la lumière. Nos craintes ne tardèrent pas à se vérifier.

Une heure plus tard, alors que nous venions de sombrer dans notre premier sommeil, un hurlement se fit entendre dans les haut-parleurs du bâtiment :

- *DEHORS ! TOUT LE MONDE DEHORS ! PRENEZ UNE COUVERTURE SUR VOUS ET SORTEZ IMMEDIATEMENT TELS QUE VOUS ETES ! VITE ! DEHORS !*

Sans réfléchir, nous nous sommes mis à courir vers l'extérieur, complètement débraillés et avec cette fameuse couverture sur nos épaules. L'aspirant C. ne manqua pas de gueuler pour le temps que nous avions mis à descendre, et d'adresser ses véhéments reproches à ceux qui avaient pris le temps d'enfiler un pantalon.

Sur la place militaire, ce fameux soir de décembre, vers minuit, il faisait noir, il faisait froid, et il tombait de fines gouttelettes glacées. Le regard fixe, j'eus nettement l'impression d'être présent sans l'être vraiment. La bêtise de la situation ne me touchait même plus.

L'aspirant essaya vainement de présenter ce rassemblement comme étant « un exercice de simulation d'évacuation d'urgence », alors que ce n'était rien d'autre qu'une nouvelle brimade gratuite. Pour preuve, il nous fit chanter le chant du contingent à tue-tête, une fois, deux fois, trois fois. Puis, satisfait, il nous dit ces derniers mots qui resteront gravés dans ma mémoire :

- Bon ! Vous m'avez bien fait bander ! Vous pouvez aller vous coucher maintenant !

Au fil des jours, l'ambiance entre les cadres se dégradait de plus en plus. Un soir, alors que la tension était à son comble, ce fut la guerre ouverte. Nous étions à l'heure de l'appel. Debout à côté de nos lits respectifs, nous attendions la grande épreuve : la revue de chambre.

Nous restions silencieux afin de pouvoir entendre les pas de l'ennemi dans le couloir. Mais ce soir-là, ce ne sont pas ses pas que nous avons entendus.

L'aspirant Lieutenant C. faisait la grande inspection dans notre bâtiment. Il allait entrer dans une chambre lorsqu'il croisa notre sergent chef dans le couloir. Il s'ensuivit une discussion animée dont nous ne pouvions connaître le sujet. Toutefois, nous avons clairement entendu l'aspirant dire au sergent chef P. :

- Si vous saviez le rôle mineur que vous jouez ici, vous auriez honte !

L'aspirant lieutenant ouvrit ensuite la porte d'une chambre de notre étage. Les gars à l'intérieur avaient bien compris que l'homme était énervé, et ils en tremblaient tous. Soudain, tout l'étage entendit résonner dans le couloir cette exclamation du sergent chef :

- CONNARD !

Le lieutenant s'arrêta, se retourna, ressortit de la chambre. Il claqua la porte si violemment qu'elle rebondit et resta ouverte, permettant ainsi aux locataires de la chambre de ne perdre aucune miette de la conversation.

- Qu'est ce que vous avez dit, demanda le lieutenant.
- J'ai dit : CONNARD, répéta le sergent chef P.

Pendant quelques secondes, nous avons tous pensé qu'ils allaient en venir aux mains. Puis le lieutenant hurla:

- Rassemblement immédiat de tous les cadres !

Il y eut une grande explication. Mais de cette explication, nous ne connaissions pas l'évolution. Nous sommes donc restés dans nos chambres, plantés à côté de nos lits, en priant tous les dieux du ciel que l'aspirant perde le combat. Nous sommes restés muets pendant près de quarante minutes, la peur au ventre. Enfin, le haut-parleur se mit à crépiter.

- Fin de l'appel - Fin de l'appel- Extinction des feux dans quarante minutes.

Cette voix était celle du sergent-chef. Nous sommes sortis timidement des chambres pour aller aux sanitaires, toujours en rasant les murs comme nous en avions la consigne. Les cadres qui sortaient du bureau étaient graves et silencieux.

Un homme, les bras chargés de classeurs et d'objets personnels se dirigeait vers l'escalier. Ses yeux étaient rouges. L'aspirant lieutenant C. saurait-il donc pleurer ?

La grande guerre

Nous pensions plus revoir ce fou furieux, mais il n'en était rien. Après cinq jours de permission exceptionnelle, il fut de retour juste à temps pour les grandes manœuvres, juste à temps pour la grande guerre !

Les classes se composaient de grandes périodes. L'instruction lors des premières semaines, les manœuvres pendant quelques jours, et la présentation au drapeau pour finir. Notre période d'instruction prenant fin, nous allions entamer les manœuvres, ce que nous appelions entre nous « la grande guerre ».

Cette guerre était une mise en scène au cours de laquelle nos cadres allaient tester nos qualités de combattants. Elle allait avoir lieu dans une ancienne base aérienne militaire américaine, sœur jumelle de la nôtre, mais abandonnée depuis des dizaines d'années. Seuls restaient entretenus les pistes et quelques hangars qui servaient occasionnellement aux avions en situation d'urgence.

Ces manœuvres devaient durer quatre jours en tout ; une journée pour s'installer, deux journées pour jouer à la guerre, et une journée pour déménager. Les moyens mis en œuvre étaient impressionnants. Il fallait tout de même déplacer deux cents jeunes gens, ainsi qu'une bonne trentaine de cadres et d'assistants techniques. On ne comptait plus les camions remplis de sacs de couchage, de lits pliants, de tables et de chaises. Il y avait aussi les groupes électrogènes chargés de nous fournir en électricité, et les cantines de restauration.

Paradoxalement, cette nouvelle épreuve était attendue avec impatience par tous les appelés du Centre d'Instruction. Nous avions hâte de rompre la monotonie et surtout nous rêvions d'échapper quelques jours aux très pesantes « revues de chambre » qui nous plombaient le moral. Certains y voyaient aussi le bout du tunnel, car le « bivouac » était l'avant-dernière étape avant la fin des classes.

Aussi inattendu que cela puisse paraître, certains d'entre nous étaient même heureux à l'idée de pouvoir mettre en application les connaissances assimilées durant la période d'instruction. Traduction ; ils étaient pressés de pouvoir jouer aux Rambos sans passer forcément pour des cloches comme cela aurait été le cas dans le civil. Sur ce plan précis, le spectacle valait vraiment le coup d'être vu !

Le jour J, une voix d'homme des cavernes beugla dans les haut-parleurs la composition de nos paquetages pour les quatre jours que nous allions passer à l'extérieur. Il fallait emporter avec nous les deux tenues de combat complètes, les casques légers et lourds, le poncho, la parka et quelques nécessaires de toilette.

Nous avons fait nos sacs sans savoir quel état d'esprit adopter. La joie de partir en camping quelques jours, ou la peur de ce qui allait nous arriver. Nous préférions être optimistes. Après tout, comme disait l'un de nos compagnons ils ne pouvaient pas nous faire une vie pire qu'ici. Evidemment, une fois de plus, nous nous trompions gravement.

Avant le départ, il nous manquait encore l'outil principal du vrai guerrier ; l'arme. A peine nos sacs fermés, on nous envoya donc à l'armurerie retirer le PM MAT49, cet antique souvenir de la guerre d'Algérie. Tout le contingent défila devant la petite fenêtre de l'armurier. Derrière, un gros et vieux sergent barbu très grossier nous lançait les engins en hurlant comme un débile : « Plus vite ! Plus vite ! ». Cet idiot ne se rendait même pas compte du ridicule de la situation. Nous ne pouvions aller plus vite puisque c'était sa propre maladresse qui ralentissait la cadence !

On nous confia aussi un chargeur vide, un « bouchon » à blanc (pièce métallique ronde à visser en bout de canon), ainsi qu'une courroie de cuir pour transporter l'arme de façon réglementaire. Nos cadres nous montrèrent la façon de porter l'arme sur la poitrine, courroie derrière le cou, canon pointé vers la tempe du voisin de gauche.

Nous étions avertis. Jamais nous ne devrions nous séparer une seule seconde de l'arme qui nous avait été remise, même pour aller aux toilettes ou pour dormir. Je râlai contre cette contrainte supplémentaire tandis qu'un gros gamin de dix-huit ans jubilait à ma droite, laissant échapper un « Chouette! » de contentement. J'étais stupéfait par la joie de ce jeune homme qui admirait en trépignant sur place ce vieux flingue appuyé contre son gros ventre.

Evidemment, c'était prévisible, notre Rambo en herbe arma l'engin en tirant sur la culasse. Il plaça son doigt sur la détente dans le but évident de « tirer un coup », à vide, pour s'amuser. J'intervins à la seconde, et l'invitai à faire ses conneries ailleurs, ou du moins, avec le canon pointé sur une autre tête que la mienne.

Ma prudence l'amusait :

- Eh l'aut ! T'es qu'un pédé toi, t'as peur d'un PM à vide !

Au même moment, un cadre hurla à pleins poumons :

- ATTENTION, ATTENTION ! Ne touchez pas à la détente des armes. Retirez les chargeurs et pointez le canon vers le ciel. Armez et tirez trois fois de suite. Vérifiez qu'elles sont bien vides !

Dans l'une des armes, un appelé venait de découvrir une cartouche oubliée...

Nous avions tous réintégré nos chambres pour attendre les bus qui devaient nous conduire sur le « théâtre des opérations ». Assis sur mon lit, je me reposais des deux marches que nous venions de faire. Je pensais à ma belle vie civile, et à mon appartement douillet lorsqu'une envie pressante se fit sentir. J'essayai de penser à autre chose mais rien à faire. Pendant les classes, aller aux toilettes revenait à jouer à la roulette russe. Comment savoir si le rassemblement attendu n'allait pas être déclenché au moment le plus inopportun ? Je fis part de mes angoisses à mes camarades qui m'invitèrent cordialement à prendre mes responsabilités. De guerre lasse, je tentai l'expédition !

La situation était comique. J'étais enfermé dans ce petit cabinet étroit, habillé d'un pantalon dont la fermeture-éclair était enfouie sous une veste solidement lacée et ceinturée, elle même enfuie sous une lourde parka lacée et boutonnée. Exceptionnellement le pistolet mitrailleur était, en plus, solidement fixé sur ma poitrine. L'engin entravait sérieusement ma liberté de mouvement. Et pourtant, il fallait faire vite. A peine avais-je eu le temps de terminer mon affaire que l'un des sergents de l'encadrement hurla dans le micro :

- A l'intention du bâtiment T10 - pour la première section- RASSEMBLEMENT SUR LA PLACE DU RAPPORT ! ACTION !

Malheureusement, il me fallait retourner dans la chambre chercher mes affaires. Je me ruai hors des sanitaires et remontai le couloir à contre-courant de mes camarades paniqués. J'y arrivai enfin. Devant la porte, le chef de chambre sautillait d'impatience. Il m'attendait avant de fermer à clé en me suppliant de faire vite. Le pauvre sentait bien qu'il allait encore être le dernier à rendre la clé. Je saisis d'une main mon sac et sortis de la chambre au pas de course pour rejoindre les autres. Les bus nous attendaient. Nous sommes montés, calot sur la tête, sac à l'épaule et mitraillette sur la poitrine. La porte se referma et une nouvelle aventure commençait alors.

Nous sortions pour la première fois de l'enceinte militaire dans laquelle nous étions cloîtrés depuis plus de deux semaines. Cette sortie fut donc un événement majeur. Nous redécouvrions le monde libre à travers les vitres du bus. C'était une sensation incroyable que de voir ces civils déambuler librement dans les rues, d'admirer ces maisons qui n'étaient pas kaki, d'entrevoir ces véhicules personnels de toutes les couleurs.

Le sentiment que je ressentis à cet instant était très fort. Je me sentais en complète rupture avec le monde civil. C'est une chose difficile à expliquer. Je pense que ceux qui ont connu la prison sont les mieux placés pour comprendre. A voir ce monde civil inaccessible dont j'étais séparé seulement par une vitre, je ressentais encore plus fortement cette impression d'en être exclu. Parce que privé de liberté sans avoir commis de crime, s'ajoutait bientôt à ce sentiment étrange celui de l'injustice.

La route fut courte. Vingt minutes plus tard, nous étions arrivés. Le bus entra dans une base aérienne désaffectée. Elle ressemblait un peu à la notre. Les bâtiments semblaient en être de fidèles reproductions mais en plus mauvais état. Ici et là on pouvait voir des bâtiments techniques et administratifs à l'abandon. Sur la droite, des petits hangars pour avions. Plus loin, les accès aux pistes. Et enfin apparut devant nous le hangar dans lequel nous allions vivre ces trois jours inoubliables.

Ce hangar était monumental. Une immense porte coulissante très haute et très large en fermait l'accès. A l'intérieur, les appelés commençaient déjà à décharger les camions qui étaient stationnés. Sur les cotés de cet immense hall, s'alignaient des salles de 100 m2 environ qui devaient être d'anciens ateliers.

- *Vos chambres, nous annonça joyeusement un membre de l'encadrement, comme pour nous accueillir.*

Le spectacle n'était guère réjouissant. Il pleuvait un peu à l'intérieur, le vent froid de décembre s'engouffrait dans les fenêtres cassées et provoquait un courant d'air que l'on ne pouvait éviter à cause de la porte d'entrée démolie. La température y était forcément glaciale.

Les sanitaires n'étaient pas mieux lotis. Quelques lavabos distillaient de l'eau glacée. Il y avait bien des douches – sans eau chaude - à l'entrée des sanitaires, mais elles étaient quasiment dans le couloir. Un mauvais courant d'air froid y soufflait en permanence. Quant aux toilettes, il y avait trois cuvettes en tout pour deux cent quarante personnes (dont deux étaient bouchées), trois urinoirs (dont un bouché). Pour finir, il y avait sur le sol des flaques d'un liquide dont nous ne connaissions pas la composition. L'odeur nous en donnait cependant une bonne idée.

Nous avons déposé nos sacs dans un coin de cette grande salle que nous allions partager avec d'autres sections. Nous allions être en tout une trentaine d'appelés. Après avoir ensuite déposé nos armes dans une pièce transformée pour l'occasion en armurerie, tous les appelés participèrent au déchargement des camions. En quelques heures, tout le matériel était descendu. Ne restaient que les groupes électrogènes à installer et à brancher.

En file indienne, chaque appelé alla percevoir son couchage composé d'un lit pliable en bois s'apparentant plus à une civière) et d'un sac de couchage puant. Dans les chambres, des ouvriers tapaient du marteau et clouaient des plaques de plastique translucide à la place des fenêtres manquantes. D'autres encore s'affairaient sur les feux au mazout pour essayer de les faire démarrer.

Pendant la journée, tout le monde s'activa à la préparation du site. Des équipes étaient chargées de nettoyer les lieux. Pour cela, un cadre devait désigner des « volontaires ». Je le vis chercher des yeux quelques victimes. Nos regards se sont croisés : erreur fatale. Je venais d'être déclaré volontaire pour la collecte des déchets sur toute la base. Je le suivis avec quelques camarades d'infortune. Devant le hangar, un camion d'éboueurs stationnait moteur allumé. Le cadre nous fit grimper à l'arrière, debout sur les marchepieds. Le camion démarra. Pendant une heure, je fis le tour de la base pour ramasser les détritus, les sacs poubelles et autres surprises malodorantes. Ainsi, grâce à l'armée, je venais d'ajouter à mon CV une nouvelle compétence.

A midi, la cuisine ambulante n'était pas encore montée. Nous avons eu droit aux célèbres rations de combat. La boîte renfermait un tas de bonnes choses : de grandes boîtes de conserve que l'on pouvait réchauffer avec un petit réchaud à briquette thermique, fromage, biscuits, gâteaux, et puis pain et fruits en quantité suffisante. Au soir, le menu était quelque peu amélioré par la mise en service de la cuisine de campagne. Nous avons dégusté avec surprise des menus d'aussi bonne qualité que ceux dont nous disposions sur base. Avouons-le, ce n'était pas difficile.

- Quatre volontaires, demanda un cadre avec force.

Comme nous étions les plus proches de lui, mes trois camarades et moi-même avons été de nouveau désignés volontaires, au plus grand bonheur de tous les autres. Direction : la plonge. Si les cuisines de la base disposaient d'un immense lave-vaisselle moderne, ici, les moyens mis à notre disposition étaient plus limités. Heureusement, assiettes en carton, couverts et gobelets en plastique réduisaient considérablement la tâche. Restaient les plats, immenses, gras à souhait et encore à moitié remplis de sauce.

Sous une tente éclairée par des halogènes, nous avions à notre disposition de grandes cuves remplies d'eau. L'eau chaude vint vite à manquer et la vaisselle se termina donc à l'eau froide, puis très vite à l'eau glacée. Nous avons dû vider les sauces sur ce que l'on pensait être de l'herbe, en priant que ce ne fut pas nos pieds ; il faisait nuit noire.

Vers vingt-deux heures, chacun prépara son lit pour essayer d'y passer une nuit à peu près normale. Regroupés à plusieurs chambrées dans la même pièce, nous étions cette fois-ci mêlés aux autres appelés de notre contingent que nous ne connaissions que très peu. Ils étaient majoritairement âgés de dix-huit à vingt ans. Mes camarades et moi-même assistions presque amusés à certaines des discussions dont le niveau dépassait rarement la hauteur d'une braguette.

Toujours habillé de ma tenue de combat complète, je m'engouffrai dans le sac de couchage malodorant que je refermai jusqu'au dessus de ma tête. Pour éviter d'être victime d'un vol au cours de la nuit, je mis mon arme et mon casque au fond de mon sac. La lumière resta allumée jusque tard dans la nuit. Je fixai des yeux le plafond moisi et admirai les belles volutes de la vapeur dégagée par ma respiration. Je mis du temps à m'endormir. L'épreuve du lendemain matin me tracassait. C'était la marche de trente kilomètres.

La nuit fut fraîche. L'un des deux feux au mazout s'était éteint en pleine nuit. Au réveil, j'avais le nez plus froid qu'un esquimau à la vanille. J'avais dormi tout habillé, je fus vite prêt. Je me retrouvai rapidement dans le grand hall aligné avec les autres pour le rapport du matin. Les aspirants, arrogants comme à leur accoutumée, passèrent en revue chaque section, à la recherche de quelques crimes à punir.

- *C'est quoi, ça, me demanda d'une voix forte un aspirant, en désignant de sa botte un petit lacet sorti de ma chaussure.*
- *Euh... Mon lacet, mon lieutenant...*

Il me regarda droit dans les yeux, avec un air de matador avant l'exécution du taureau. Son visage était tellement proche du mien que son haleine me réchauffait le nez. Il ajouta :

- *Je sais ! Je vous donne cinq secondes pour vous mettre en tenue réglementaire !*

Soumis, affligé par toute cette bêtise, je m'exécutai comme le mouton que j'étais devenu et cachai réglementairement mon lacet dans la chaussure. Il rajouta:

- *La prochaine fois, je vous plante.*

Lorsque le petit numéro de clowns tristes fut terminé, les aspirants se regroupèrent au centre du hall. L'un d'entre eux prit la parole :

- *Messieurs, aujourd'hui vous allez souffrir ! Vous allez faire une marche de trente kilomètres! Et je ne veux pas de plaintes pour les petits bobos. Des cloques, vous allez en avoir, et des belles !*

Un autre aspirant prit la parole. Il était le plus petit du lot mais aussi le moins hargneux. Pendant ce temps, ses collègues regagnaient leur chambre en marchant comme des coqs de ferme, la tête haute, le torse bombé, la cuisse ferme et le regard mauvais.

Resté seul, le petit aspirant parla aussi fort qu'il pût :

- *Messieurs, avez-vous froid ?*

Il n'eut en réponse qu'un petit gazouillis. Nous étions tous en train de chercher le piège. La question fut à nouveau posée, plus franchement encore. La réponse sortit d'une seule voix :

- OUI MON LIEUTENANT !!
- Bon ! Et bien, nous allons faire quelques exercices physiques.

C'était le piège ! Des copains râlèrent discrètement : « Et merde ! On n'a même pas eu de petit déjeuner ! ». Notre petit aspirant nous montra les quelques gestes à faire pour nous réchauffer :

- Mettez vos bras à l'horizontal, et bougez-les.

C'était la première fois qu'il nous prenait en mains et nous le sentions bien ! Il n'avait pas encore terminé ses explications qu'un bruit sourd se fit entendre. Un gars venait de tomber dans les pommes ! Hypoglycémie, tout simplement. L'aspirant s'affola :

- Bon bon bon ! Euh… Nous continuerons plus tard, mais en attendant, tous dans vos chambres !

Il ne réessaya jamais. Je sus plus tard qu'il était polytechnicien. Cette nouvelle m'attrista très sincèrement. Je mettais la bêtise des autres cadres sur le compte d'un évident manque d'éducation mais cet énergumène était l'exception qui confirmait la règle. J'avais beau chercher, je ne parvenais pas à comprendre comme un polytechnicien pouvait se prêter s'aussi bonne grâce à de telles idioties.

Il était dix heures du matin. Nous étions une trentaine de gars réunis devant la grande porte du hangar. Nous étions chaudement vêtus d'une parka et d'un poncho. Nous portions un sac à dos contenant deux pommes, une bouteille d'eau et deux barres de céréales. Silencieux, nous attendions l'ordre de marche que notre sergent-chef nous donna rapidement. Paradoxalement, cette nouvelle épreuve ne me faisait pas peur. J'étais assez habitué à marcher. Cela avait l'effet bénéfique de me calmer. J'étais donc confiant pour la suite des événements. J'avais tord.

Cette petite sortie avait au moins le mérite de nous aérer un peu. Nous allions enfin sortir de l'enceinte militaire pour circuler en file indienne sur des routes civiles qui traversaient des villages. Il y avait là comme un petit goût de liberté. Les cinq premiers kilomètres ont été formidables, vivifiants ! Les cinq suivants un peu plus durs, mais agréables tout de même. Au quinzième kilomètre, la fatigue commençait à se faire sentir. Au vingtaine kilomètre, j'en avais franchement plus qu'assez !

Les chemins que nous prenions devenaient de plus en plus impraticables. Nous quittions les routes pour emprunter des chemins de terre inondés qui traversaient des champs. Mes pieds s'enfonçaient dans boue et semblaient ensuite peser une tonne chacun. La sueur coulait du haut de mon crâne, à moins que ce ne fût la pluie.

Nous longions maintenant un champ fraîchement retourné. La terre s'agglutinait toujours davantage à nos brodequins. Je levai chaque pied avec difficulté.

Au vingt-cinquième kilomètre, je commençais à peiner. Les copains se relayaient pour me tenir compagnie. Je me sentais bien seul, vingt mètres derrière les derniers. Pour m'attendre, du haut de ses dix neuf ans, le sergent féminin ordonnait de plus en plus de haltes. Invariablement, je m'approchai du groupe langue à terre, pensant pouvoir enfin souffler cinq minutes. Mais le groupe de plus en plus reposé grâce à moi repartait de plus belle. En moins de trois minutes, évidemment, j'étais à nouveau distancé.

Tout à coup, je commençai à me demander si mes chaussures ne prenaient pas l'eau. J'avais en effet une désagréable impression d'humidité, comme si quelque chose glissait sous mon pied. Je décrivis la sensation à un camarade de galère qui diagnostiqua la naissance d'une belle cloque.

Au détour d'un chemin, notre route croisa celle d'une jeep militaire. A l'intérieur se trouvaient un aspirant et un sergent-chef féminin. Notre colonne stoppa à leur hauteur tandis que, loin derrière, je m'efforçais de les rejoindre au plus vite avant qu'ils ne repartent comme à l'accoutumée. Les gradés s'échangèrent quelques mots :

- *Tout va bien ?*
- *Oui, oui.*

Le sergent féminin sentait l'odeur des écuries et voulait adapter son galop à sa joie. Elle me vit arriver à l'horizon. Nous étions alors à deux kilomètres de la base. Autant dire que nous étions quasiment arrivés.

- *Ouais, enfin : y' a Coupez qui suit plus.*

Elle mit ses mains en porte voix :

- *Coupez, vous grimpez dans la jeep, parce qu'on va pas y passer la journée !*

Je protestai, déçu de devoir abandonner si près du but. Finalement, on me fit comprendre que je n'avais guère d'autre choix que celui d'obéir. Juste après avoir grimpé dans le véhicule, je compris que le retour n'allait pas être de tout repos. Il n'y avait pas de siège à l'arrière, seulement la tôle du garde boue. Une bâche trouée couvrait le véhicule, sans protéger les cotés. La colonne redémarra me laissant seul à bord avec les deux cadres.

Bien protégés à l'avant par le pare-brise, le conducteur et sa passagère ne devaient certainement pas se douter que je me prenais de gigantesques claques glacées à l'arrière du véhicule. Trempé des pieds à la tête, j'étais au cœur d'une tornade qui me fit vite oublier mes douleurs aux pieds. Mes gants humides devenaient de plus en raides et mes doigts ne tardèrent pas à faire de même.

Dans le vacarme assourdissant du moteur, j'encaissais en silence les coups que me donnait le garde-boue à chaque soubresaut. J'avais les fesses douloureuses, humides et froides. La jeep avançait, reculait, faisait demi-tour. Carte en main et radio hors service, les deux cadres cherchaient la première compagnie. Au bout d'une éternité, ils décidèrent enfin de revenir sur base. Pour ma part, je ne souhaitais plus qu'une seule chose : mourir !

Le voyage du retour se fit plein pot, avec ce foutu vent qui s'engouffrait toujours à l'arrière du véhicule. La jeep s'arrêta devant le hangar. J'en descendis hagard, remerciant mes deux pilotes pour la belle balade qu'ils m'avaient offerte. Ca ne manqua pas de les faire rire. Ce fut le premier sourire d'un cadre militaire. Je n'avais donc pas tout perdu !

J'entrai dans la chambre. Mes compagnons étaient arrivés une heure plus tôt. Ils étaient tous en train de se sécher ou de dormir. J'avançai à petit pas, le visage frigorifié, les doigts totalement paralysés. Mon pantalon, ma parka et ma veste étaient trempés de pluie et de sueur. Je m'effondrai littéralement sur le lit. J'aurais donné une fortune pour une douche chaude !

Il me fallut deux heures pour retrouver figure humaine. Dans la « chambre » planait une subtile odeur d'humidité, de caoutchouc brûlé et de textiles chauds. Certains d'entre nous utilisaient le feu au mazout pour sécher leurs effets personnels. A ce moment précis, c'était une veste qui commençait à brûler.

Cette nuit-là, je dormis une nouvelle fois tout habillé. La nuit fut réparatrice si l'on exclut l'incident survenu vers deux heures du matin. Après une fête privée bien arrosée, quelques cadres ivres s'étaient mis à chanter dans le hangar la chanson « Capitaine Flam ».

La guerre était toujours prévue pour treize heures. Vers dix heures, les armes furent distribuées. Sous les ordres du sergent-chef P. et du sergent féminin, notre petite équipe constituée d'une trentaine d'hommes quitta le hangar pour s'enfoncer dans les rues désertes de la base désaffectée.

Un vent glacial balayait l'endroit où nous nous trouvions. Le sergent-chef stoppa la colonne pour nous expliquer ce que nous devions faire :

- Bon! Vous allez maintenant apprendre à investir des bâtiments afin d'en déloger les éventuels occupants. A partir de maintenant, soyez sur vos gardes. Par exemple, si vous voyez un véhicule approcher, vous devez tous vous mettre à l'abri !
- Je vais maintenant vous distribuer vos cartouches à blanc.

A ces mots, les plus jeunes de l'équipe s'agitèrent comme des gamins impatients à qui on allait distribuer un jouet. Quant à moi, je pris le pari avec un camarade de ne tirer aucun coup de feu. Comme les autres, je reçus mes vingt cartouches que j'enfilai difficilement dans le chargeur à cause du froid. Les cadres nous placèrent sur la route, une colonne sur le côté gauche et une autre sur le côté droit. Nous allions enfin commencer notre progression en territoire ennemi.

Alertés par un bruit, les gars devant moi se retournèrent brusquement. Avec des cris de sioux, ils se jetèrent sans ménagement dans les fossés longeant la voie bitumée ; une jeep arrivait ! Je profitai de cette pause pour observer les gars qui m'entouraient. Comme moi, certains subissaient passivement l'exercice. D'autres, par contre, observaient la progression de l'ennemi, le doigt sur la gâchette de leur arme, tapis au fond du fossé. Fausse alerte. L'émotion était cependant vive parmi l'assistance. Les plus combatifs concevaient déjà des plans d'attaque élaborés.

Tandis que nous nous rassemblions à une trentaine de mètres d'un bâtiment, la jeep repassa dans l'autre sens : « Tous couchés! » hurla un cadre qui ne prit même pas la peine d'obéir à ses propre ordres. Le sol était boueux. J'obéis malgré tout en choisissant calmement le coin de terre le moins humide. Par contre, d'autres se jetèrent littéralement sur le sol, dans un SPLASH retentissant. Le danger passé, il restait à mes camarades à débarbouiller le mieux possible leurs treillis couverts de boue.

L'exercice continua :

- Il y a peut être dans ce bâtiment des aspirants qui vous attendent de pied ferme ! A vous de les déloger. Un commando va entrer en éclaireur, un autre va suivre à l'intérieur, un autre va progresser à l'extérieur sur le côté gauche et un autre encore sur le côté droit. Compris ? Bon ! Des volontaires pour partir en éclaireurs ?

Contre toute attente, quatre gars s'avancèrent, avec leurs doigts en l'air. Ils criaient comme des enfants à leur maître d'école :

- Moi ! Moi ! Moi !

Les quatre volontaires s'élancèrent vers l'entrée du bâtiment. Pistolet mitrailleur en main comme dans les films de guerre, ils se collèrent derrière une cloison. D'un coup de pied violent, ils défoncèrent la porte. Ils s'engouffrèrent à l'intérieur en poussant des cris virils. A leur grande déception, le bâtiment était vide. Le plan expliqué par les cadres fut cependant appliqué à la lettre.

L'entraînement devait se terminer par un petit test consistant en une embuscade dans une chaufferie désaffectée. Ce bâtiment était rempli de chaudières énormes, de tuyaux de toutes sortes, de cuves et autres ferrailles rouillées. Autant de cachettes possibles qui auraient ravi tout gamin en quête d'un terrain de jeu. Les consignes étaient claires :

- Vous vous cachez, et vous ne bougez plus ! Vous devez attendre que les ennemis pénètrent dans le bâtiment. Une fois qu'ils seront tous entrés, vous ouvrirez le feu !

Les gars autour de moi piaffaient de joie comme des gamins à qui l'on promettait une glace. Pendant quelques minutes, chaque soldat chercha une cachette bien protégée. J'en trouvai une en haut d'une cuve rouillée à laquelle on accédait par une échelle étroite. Très vite, le silence complet régna dans le bâtiment, à peine troublé par le souffle du vent s'engouffrant par les fenêtres brisées. Les ennemis approchaient.

D'où j'étais, je ne voyais rien. J'étais assis lorsque les « ennemis » sont entrés dans la chaufferie. J'avais seulement entendu des bruits de pas et quelques murmures. Les ennemis progressaient timidement.

Quelques secondes plus tard, tout le monde se mit à tirer en même temps. Les cris des combattants et les bruits des détonations des pistolets mitrailleurs se mêlèrent au vacarme des explosions des grenades à plâtre. Les gars autour de moi tiraient sur tout et surtout sur rien. Au bout de quelques secondes, un gars posté à deux mètres de moi se retira du combat. Il semblait visiblement frustré. C'était un petit gars de dix-huit ans dont l'acné trahissait une puberté difficile.

- *Merde ! J'ai plus d'munitions ! J'ai plus d'munitions !*

Sa tristesse faisait peine à voir. Je décidai donc de l'aider. Je tirai sur le bas de son pantalon pour qu'il m'aperçoive. Sans rien dire, je sortis de son logement mon chargeur plein de cartouches et lui fis signe de me refiler celui qu'il venait de vider. Il comprit le marché et repartit vite au bord de la grande cuve, sans demander son reste. Il reprit un tir nourri avec un plaisir évident. Mon geste lui avait semblé tellement incroyable qu'une fois dehors, tout le monde fut rapidement au courant. Tous voulaient être mon équipier pour la « Grande Guerre » :

- *Tu parles ! On va nous distribuer une boite de 50 cartouches pour deux, alors...*

Quelques heures plus tard, de retour au hangar, tout le contingent s'attabla pour prendre le petit déjeuner. Après les émotions du matin, chacun mangeait de bon cœur, la mitraillette toujours posée sur la poitrine. C'est pendant le repas que j'eus l'occasion d'assister à un spectacle incroyable.

Pendant le repas, je regardais distraitement la grande porte du hangar. Elle était gardée par deux appelés qui papotaient joyeusement. Soudain, derrière eux, je vis distinctement cette grande porte s'ouvrir. Un militaire cagoulé apparut par l'entrebâillement. Il jeta quelque chose à l'intérieur du hangar qui explosa quelques secondes plus tard. J'eus alors l'occasion d'assister à une démonstration magistrale de bêtise collective.

Une seconde après l'explosion, les deux cents soldats se levèrent d'un bond, se saisirent de leurs armes, et se mirent à tirer sans discontinuer. Les deux cents chargeurs se vidèrent en quelques secondes. Mais sur quoi tiraient-ils ? L'intrus ne les avait évidemment pas attendus ! Les centaines de détonations résonnèrent dans le hangar comme un vrai coup de tonnerre. Tous les soldats de part et d'autre des tables tiraient en direction de la porte, et donc tiraient sur leurs copains qui étaient logiquement sur la trajectoire des projectiles fictifs ! Quant à moi j'observais la scène absolument médusé, les mains sur les oreilles.

Le calme revint une fois les chargeurs vides. L'émotion était grande : plus personne ne parlait. Alors seulement, on put entendre les cadres s'époumoner :

- Halte au feu ! Halte au feu !

Leurs cris résonnaient dans le hangar. Malgré l'ordre, les armes de quelques excités crépitaient encore ici et là. L'odeur de poudre nous prenait à la gorge. A ce moment précis, si les munitions avaient été réelles, nous aurions déjà pu établir un premier bilan approximatif des pertes humaines.

Du côté ennemi ; aucune perte puisque l'homme à l'origine de cet attentat était déjà loin lorsque commença la fusillade. Par contre, côté ami, les pertes étaient sévères. Puisque les deux cents appelés mangeaient en vis-à-vis face à la porte, on pouvait estimer que la moitié du contingent avait tiré sur l'autre moitié. Comme les soldats avaient tiré à bout portant, le pourcentage des morts aurait été forcément élevé. Morts pour la France... en quelque sorte...

Cet incident prouvait à mes yeux la limite du service national. Comment espérer faire de bons soldats à partir d'une population si peu préparée, si indisciplinée, et donc si dangereuse pour leur propre camp ? Les exemples d'accident et de bévues de ce type sont nombreux dans toutes les guerres. Ce fut le cas pendant la guerre d'Algérie, où les appelés étaient nombreux. Je venais d'avoir sous les yeux un exemple flagrant et parfaitement représentatif.

Je voulus retourner dans la chambre mais devant moi des « guerriers » caressaient leur arme encore chaude avec un sourire béat. Pour moi, leur satisfaction était inquiétante.

Cet incident marqua véritablement le début de la guerre. Les plus agités appelaient à la mobilisation générale avec le plus grand sérieux.

- Faut se défendre et organiser des rondes !

Certains portaient déjà le casque. D'autres allaient de camarades en camarades pour récolter une ou deux cartouches à mettre dans les chargeurs. Damned ! C'est qu'il fallait être armé à présent ! A les voir s'agiter ainsi, la vraie question qui me trottait dans la tête était de savoir si la mobilisation aurait été aussi forte dans des circonstances réelles. Permettez-moi d'en douter.

Il était environ quatorze heures. Les cadres nous rassemblèrent dans le hangar pour un « rapport ». La guerre était en effet déclarée. Ils nous donnèrent quelques explications. Des sections entières de Fusiliers commandos s'apprêtaient à nous attaquer de toutes parts. Notre objectif était de défendre le hangar, ses proximités immédiates, et notre honneur ! Pour gagner la guerre, les ennemis ne devaient pas en aucun cas atteindre l'armurerie. S'ils y parvenaient, c'était à coup sûr une défaite honteuse.

Je me retrouvai à l'extérieur du hangar avec quelques-uns de mes camarades de chambre. Nous étions en poste derrière le bâtiment à l'affût de toute présence étrangère hostile. C'est Pierre qui tenait la radio. Il nous gardait en liaison avec le Quartier Général.

Nous devions signaler tout mouvement suspect. Au début, il ne se passait pas grand-chose. Puis l'un de nos camarades repéra une personne suspecte. Accompagné de son « binôme », il décida de partir en reconnaissance :

- Je vais voir si ce n'est pas un ennemi, dit-il en clignant de l'œil pour justifier sa balade.

Je les vis tourner au coin du bâtiment en marchant nonchalamment et en riant. Puis ils disparurent de ma vue. Quelques secondes après, j'entendis des coups de feu et les vis revenir affolés, en courant comme des fous. Ils hurlaient :

- *C'en est ! C'en est !!*

Nous étions sur nos gardes. Régulièrement, des hélicoptères nous survolaient et déposaient (soi-disant) ici et là quelques ennemis entraînés. Un avion militaire « Transal » fit quelques allers-retours et se posa sur la piste désaffectée avant d'en re-décoller aussitôt. L'objectif de tout ce cirque était évidemment d'impressionner les plus sensibles d'entre nous. Ca marchait plutôt bien puisque la plupart s'imaginait cernée par plusieurs bataillons ennemis.

Il ne se passa plus rien d'intéressant de tout l'après-midi et jusqu'à la tombée de la nuit. Nous nous divertissions en parlant de choses et d'autres ou en écoutant à la radio certains appelés parler comme de vraies bêtes de guerre, au risque de sombrer dans le plus profond ridicule. Ce fut le cas avec cette alerte « gueulée » sur les ondes d'une grosse voix virile :

- *ALERTE ! ALERTE ! Des blindés se dirigent vers nous !!*

Mais après vérification de notre part, il ne s'agissait en fait que d'un tracteur agricole en plein champ...

Tout notre petit monde regagna le hangar pour le repas du soir. La nuit était tombée. Nous espérions que l'exercice se terminerait là pour avoir droit à une nuit calme et reposante. Mais le meilleur restait à venir. Contrairement à nos espérances, la guerre n'était pas finie : elle ne faisait que commencer. Les troupes ennemies nous encerclaient toujours, prêtes à nous sauter dessus à tout moment.

Pour protéger le camp, après le repas, les cadres organisèrent des commandos d'élite. Leur mission : patrouiller tout autour du hangar.

- *Il me faut des mecs, des vrais, avec des couilles, qui sachent courir vite et longtemps, et qui n'aient pas peur de se battre. Les volontaires ; un pas en avant !*

Je pensais que personne n'allait se proposer. Mais je n'avais même pas eu le temps de faire un pas en arrière que déjà de très nombreux appelés s'étaient avancés, le doigt en l'air comme à l'école.

Le cadre donna ses consignes :

- Vous allez faire partie des commandos dont le code sera INDY 1, 2, et 3. Quant aux autres, répartissez-vous à chacune des entrées du hangar.

La fierté se lisait sur les visages des volontaires. Ils étaient les héros du jour. Un cadre leur distribua des boîtes de cartouches devant les yeux gourmands des appelés moins courageux. Cette distribution supplémentaire en décida encore d'autres à s'enrôler. Pendant ce temps, les membres des commandos se préparaient activement à affronter l'ennemi.

Cette préparation était digne d'une mauvaise comédie. Certains mettaient leurs parkas mais d'autres préféraient y aller « léger » et ne portaient qu'une simple veste malgré la température hivernale. Certains avaient mis leurs casques puis les avaient rapidement retirés pour imiter d'autres qui ne portaient autour de leurs fronts que le cache-cou élastique de couleur kaki, « à la Rambo ».

J'avais déjà noté l'influence évidente des films de guerre sur le comportement de certains appelés. Cette impression se confirmait de jour en jour. Elle paraissait évidente à cet instant précis. L'observation de cette scène permettait presque de retrouver les titres des films auxquels certains jeunes se référaient, certainement sans même s'en rendre compte. La tenue vestimentaire, la gestuelle, les comportements, les mots utilisés, l'intonation de la voix (la voix de certains appelés baissait d'une octave avant une action virile), les expressions graves des visages mêlées en même temps à une attitude très détachée (l'abnégation des kamikazes), tout ceci paraissait sortir tout droit d'un mauvais film. Rambo, en l'occurrence, semblait être la référence ultime.

Dans l'attitude de ces camarades volontaires, il était difficile de faire la part entre le courage, l'esprit offensif du vrai soldat, le sens du devoir patriotique et le fantasme guerrier du jeune enfant tout content de pouvoir de nouveau jouer à la guerre.

D'un geste vif, les membres des commandos engagèrent dans l'arme les chargeurs remplis de balles à blanc : « CLAC ». Puis ils s'en saisirent en pleine main et les armèrent d'un coup bref : « CLAC-CLAC ». Fin prêts, ils se regroupèrent autour de leurs chefs respectifs pour la première sortie. La grande porte du hangar s'ouvrit doucement, sous la haute surveillance des gardes.

- *En avant, cria le chef du commando, un sergent !*

Pendant qu'un autre groupe se préparait, une vingtaine de guerriers s'élançaient dans la nuit noire pour accomplir leur devoir, pour la France!

L'anecdote la plus amusante au sujet de ces commandos fut l'aventure véridique qui arriva à l'un de ces « guerriers ». Une vingtaine de minutes après le départ de son commando, un jeune appelé revint en courant, complètement affolé. Son treillis était couvert de graisse. Ce gars était petit, trapu et doté d'un curieux accent qui rendait la situation encore plus comique. Il nous expliqua que son commando avait été attaqué par des fusiliers commandos. Il nous fit bien remarquer qu'il n'avait pas abandonné ses camarades, mais qu'il avait préféré revenir chercher des renforts. Il nous raconta ensuite son histoire.

Au contact avec l'ennemi, les appelés avaient copieusement mitraillé leurs adversaires. Pourtant, les « ennemis » s'esclaffaient :

- *Mais vous êtes morts, avaient objecté les appelés....*
- *Non non, avaient répondu les ennemis en riant de plus belle !*

Chaque appelé fut alors poursuivi et fait prisonnier sans ménagement. Notre petit camarade avait couru plus vite que les autres. Pour échapper à son assaillant, il avait réussi à se cacher sous un camion et pour ne pas être découvert, il s'était pendu quelques minutes à l'arbre de transmission en priant bien fort :

- *Pourvu qu'il ne démarre pas ! Pourvu qu'il ne démarre pas !*

Pendant ce temps, quelques camarades et moi-même tenions une conférence dans la « chambre ». Chacun donnait les raisons de son mécontentement. David, le seul gars vraiment courageux décida d'une chose :

- *S'ils croient que je vais jouer à la guéguerre avec eux, ils se gourent ! J'ai passé l'âge... Je reste ici avec Thierry. On va discuter, pas vrai Thierry ??*

Lorsque David décidait quelque chose, on pouvait être sûr qu'il s'y tenait. Agé de vingt-cinq ans, grand et solide, titulaire d'un DESS (Diplôme d'Etudes Supérieures Spécialisées) en droit, il n'avait pas pour habitude de se dégonfler.

Quant à Thierry, exempté de manœuvre pour raison médicale, il devait rester en chambre. Avoir un compagnon était donc une bonne nouvelle. Les deux compères restèrent ensemble et discutèrent de choses et d'autres. L'attitude de David était courageuse car elle aurait pu lui valoir pas mal de problèmes. Mais il fit encore plus fort, car quelques heures plus tard, au plus fort de la bataille, David était tout simplement au fond de son lit à dormir du sommeil du juste.

Soudain, alors que nous étions toujours en plein débat, un gars entra dans la chambre. Il était furax. Nous avons pensé qu'il en avait assez de tout ce cirque, comme nous tous. En fait, il râlait parce que le médecin militaire lui avait interdit de participer aux combats !

- Ils n'ont même pas voulu me donner de flingue me dit-il d'un air outré. Tu te rends comptes !

Je n'étais pas le meilleur public. Ces gars-là me laissaient sans voix. Comme je restais muet de stupéfaction, c'est David qui lui adressa la parole en lui montrant le pistolet mitrailleur qu'il ne comptait pas utiliser:

- *Eh! Tu le veux ?*
- *Ouais, ouais, répondit l'autre en sautant de joie.*

Il prit l'arme, s'habilla rapidement comme un Rambo d'opérette et rejoignit les autres en courant.

- *S'il perd une pièce, c'est toi qui prends, dis-je à David.*
- *Il n'en perdra pas, me répondit-il calmement en se rasseyant.*

Un deuxième gars fit irruption dans la pièce. Lui, c'était Gérard, dix-huit ans tout juste, gros et gras, aussi empâté sur les hanches que dans la tête.

- *Il me faut quatre hommes pour faire un commando, dit il d'une voix grave et virile qui n'allait pas du tout avec le personnage.*

David le regarda en souriant et lui fit remarquer :

- Gérard ? Toi dans un commando ? Mais tu sais que tu vas devoir courir vite et longtemps ?
- Ouais, mais tant pis.
- Mais alors ; pourquoi tiens-tu tellement à faire ça ?

La réponse tomba comme un couperet :

- Parce qu'on aura chacun une boite de cartouches...

Comme David avant moi, je me sentis une âme de bon Samaritain. Je sortis de ma poche une grenade à plâtre qu'un gradé m'avait collée dans les mains. Elle me troublait : j'avais trop peur qu'elle n'explose par accident dans mon pantalon et qu'elle ne mette en danger ma descendance. Gérard lorgna tout de suite sur l'objet, comme il le faisait à la cantine sur les desserts. Je lui dis :

- Tu la veux ?? Alors tiens ! Fais-la péter à ma santé !

Plus lâche que David, je préférai quitter la chambre et rejoindre les autres dans le grand hangar. J'étais posté devant la porte de la chambre, habillé de la parka et du poncho ample qui me descendait jusqu'aux genoux. Je portais sur la tête le casque léger qui était sensé me protéger en cas de chute de grenades. Je restai immobile à cette place à coté d'un autre gars tout aussi motivé.

Soudain, le ronronnement du groupe électrogène stoppa et plongea le hangar dans une obscurité profonde. Tout le monde se mit à crier. Ces cris s'ajoutaient au bruit infernal de l'explosion de grenades et du crépitement des armes automatiques. Dans cette obscurité totale, tous les appelés étaient aux aguets. Les plus motivés allaient au secours de ceux qui étaient attaqués. Les autres attendaient les ordres.

Un nouvel incident se produisit : des coups puissants étaient portés sur la porte gauche du hangar, celle qui donnait sur l'extérieur. J'en étais éloigné d'une dizaine de mètres. La lumière revint, mais les coups continuaient comme si quelqu'un cherchait à l'enfoncer. Un Caporal hystérique, son arme en bandoulière, courut comme un dément vers la porte. Il hurlait des ordres :

- Des hommes en renfort, des hommes en renfort !!

Soudain, il m'aperçut :

- Eh ! Vous ! A la porte, vite!!!

J'avançai vers cette porte sans grande motivation. Et de nouveau, ce fut l'obscurité. Je m'arrêtai, puis la lumière revint et le spectacle reprit de plus belle. Il me fascinait. Des bruits à la porte de gauche ? Tous les appelés se ruaient en hurlant vers la porte de gauche, laissant l'autre porte qu'ils gardaient. Des bruits à la porte de droite ? Tous les appelés se ruaient à la porte de droite, abandonnant complètement la surveillance des autres issues ! C'était ahurissant.

Assurément, j'en apprenais plus sur les techniques guerrières depuis mon poste d'observation qu'en courant partout et dans tous les sens comme le faisaient mes congénères. Les erreurs de tactique devenaient évidentes, et je voyais avec quelle facilité les ennemis en jouaient. Notre inexpérience nous rendait vulnérable. Elle nous aurait été fatale si les conditions avaient été réelles.

Pourtant, à aucun moment les cadres n'ont profité de cette formidable expérience pour nous montrer ce qu'il fallait faire et ne pas faire. Pas un mot sur ces erreurs ou sur ces tactiques que pourrait mettre en oeuvre un ennemi pour nous affaiblir. Pas un mot non plus sur l'incident qui avait eu lieu le midi, cette fusillade bien inutile qui aurait liquidé la moitié des effectifs si les munitions avaient été réelles. Plutôt que de nous apprendre le métier de soldat, les cadres se sont contentés de nous punir si nos lacets sortaient de nos brodequins. De ce fait, cet exercice sera resté au stade du jeu entre grands adolescents attardés.

Je fus vite repéré par un aspirant. Par prudence, je me décidai à changer de poste. Je me hasardai dans le hangar, évitant soigneusement de le traverser de part en part de peur d'être accusé de déambuler. Je m'arrêtai devant l'une des portes ; celle du groupe électrogène. Je n'allais pas y rester longtemps car l'atmosphère y était malsaine et l'endroit mal éclairé. C'est à cet endroit qu'étaient entreposés les bidons de fioul. L'odeur de carburant y était terrible et le bruit des groupes électrogènes placés juste derrière la porte pour le moins assourdissant. J'allais tourner les talons pour reprendre ma ronde lorsque tout à coup, la porte s'ouvrit. Dix gars entrèrent rapidement dans le hangar. Un cadre apparut par l'entrebâillement de la porte :

- Dix hommes pour les remplacer !!! Et qu'ça saute !!

Un léger flot humain se forma et m'emporta dans son courant. Il était 22h10. Il faisait nuit noire et j'étais à l'extérieur...

Le parking sur lequel était stationné le groupe électrogène était plongé dans le noir le plus complet. Seules les lumières vertes et rouges des témoins de fonctionnement diffusaient de faibles lueurs. Un vacarme sans nom rendait impossible toute conversation et empêchait surtout d'entendre venir le danger. Dans la faible lumière de la lune, tout autour des silhouettes sombres apparaissaient et disparaissaient. Amis ou ennemis, comment le savoir ?

Mes camarades et moi même avions les yeux rivés sur les alentours. Dans le noir de la nuit, nous avons essayé de distinguer la silhouette d'un homme, ou simplement de repérer une ombre. Un cadre passait d'un point à un autre du site et inspectait les alentours à l'aide d'une puissante torche électrique. Le faisceau s'attardait parfois sur un bidon, un pan de mur, ou une porte suspecte.

Soudain il y eut un claquement sec et puissant : une grenade d'exercice remplie de plâtre venait de s'abattre à dix mètres de moi. En condition réelle, mes camarades et moi même aurions tous été déjà sérieusement blessés. Nous avons essayé de voir d'où pouvait provenir ce tir, mais sans succès.

Il y eut bientôt une seconde explosion, plus proche encore.

- Ecoutez le bruit de la détonation et vous saurez d'où la grenade part, claironna fièrement un sergent-chef en hurlant pour couvrir le bruit du moteur diesel.

Les tirs se rapprochaient et s'intensifiaient de plus en plus. Je détestais ne pas savoir si dans une, deux, ou trois secondes peut-être, je n'allais pas me prendre un colis explosif sur le nez. Et encore ; je savais que je ne risquais ni ma vie ni ma santé. Comment diable font les soldats des guerres passées et présentes pour supporter cette situation ?

Je me retournai brusquement, et à deux mètres de moi, une autre explosion m'éblouit et m'assourdit l'espace de quelques secondes. Théoriquement, j'étais mort. Je fus autorisé à retourner dans le hangar, et c'est couvert de plâtre et les oreilles bourdonnantes que je me dirigeai vers la porte.

Pour entrer, nous avions convenu d'un code. Je tapai donc trois fois sur la lourde porte, comme convenu. J'entendis une voix venant de l'intérieur :

- *Qui c'est ???*
- *Ouvre ! Je suis un des gardes. Je dois entrer.*

Réglementairement, le soldat me demanda :

- *Mot de passe ?*

L'homme était procédurier. Le mot de passe permet, avec les trois coups frappés sur la porte, de sécuriser l'accès. Dans la procédure normale, on ne demande jamais le mot de passe complet, mais seulement une lettre de ce mot : il suffit alors à l'inconnu d'annoncer la lettre suivante pour prouver qu'il le connaît. Cela évite qu'un ennemi embusqué n'entende le mot complet et tente une intrusion.

Etant contraint à prononcer le mot complet, cette précaution n'était plus nécessaire. Je lui donnai donc le mot de passe :

- *PATRIE !*

Il me cria alors une lettre du mot de passe à travers la porte :

- *T ?*

L'oreille collée à la porte, assourdi par le bruit du groupe électrogène, je me dis compte que j'étais tombé sur l'intellectuel du régiment. Il m'avait déjà demandé le mot complet ! A quoi bon annoncer une lettre ? Je me hâtai à répondre :

- *Euh... R ! Allez ! Ouvre maintenant !*
- *A ?*
- *Mais c'est pas vrai ! T'es con ou quoi ? Bon... T !*

Absurde jusqu'au bout, le gars continuait son jeu et m'épela toutes les lettres du mot de passe. Il n'avait vraiment rien compris à la procédure :

- *I ?*
- *Eh ! T'as pas fini ton cirque ? Merde ! Ouvre bon sang !*

Tandis que je tapais comme un sourd sur la porte en acier, une autre voix se fit entendre...

- *Votre nom ?*

J'eus un moment d'arrêt. Règle une, seuls les cadres nous vouvoyaient. Règle deux, si un cadre voulait mon nom, ce n'était pas pour me payer un rafraîchissement. Je réagis au quart de tour et me mis à hurler le mot de passe :

- *PATRIE !*

La porte s'ouvrit enfin : j'entrai rapidement. Devant moi était dressée une haie d'honneur. Dix gars avaient leurs armes pointées dans ma direction et me dévisageaient d'un air mauvais. Un caporal, le débile de tout à l'heure, se trouvait à leur tête. Il était cagoulé. Pourquoi ? Dieu seul le sait. Il vint rapidement vers moi et appuya le canon de son arme sur mon front. Les cartouches étaient à blanc, mais à cette distance un tir restait extrêmement dangereux.

- *Qu'est ce que vous faisiez dehors ?*
- *Ben, je gardais la... le... enfin....le truc quoi* (le mot "groupe électrogène" m'échappait sur le coup)...
- *Et les autres, qu'est-ce qu'ils font ?*
- *Ben, ils surveillent aussi le... la... le truc...*

Miraculeusement, le gars me laissa tomber dans la seconde qui suivit. Il donna ses consignes :

- *Plus personne ne doit entrer ! S'il y en a un qui entre, vous lui sautez dessus, vous lui donnez des coups de crosse, mais il ne doit pas passer !*

Les autres gars se regardèrent, choqués : la guerre avec des blessés, ça risquait de ne plus aussi être drôle !

Jusqu'à la fin du conflit, je restai tranquillement dans mon coin à observer tout ce beau monde. Vers 23h00, un aspirant déclara la fin des hostilités. Comme l'ennemi n'avait pas réussi à s'emparer de l'armurerie, nous avions donc gagné la guerre !

A l'annonce de cette éclatante victoire militaire, des « hourra » fusèrent de partout. Tous les appelés levèrent les poings en chantant comme après un match de football : « on a gagné ! On a gagné !! ». C'était pathétique.

Un imbécile eut l'idée de tirer des coups de feu pour fêter l'événement, comme dans une quelconque république bananière. Aussitôt, une centaine de singes copieurs firent de même. Ce fut bientôt un feu d'artifice de détonations et d'explosions de grenades à plâtre. Je décidai donc d'effectuer un repli stratégique dans la chambre en attendant que l'excitation retombe. Et pendant tout ce temps, toujours caché au fond de son duvet, David dormait du sommeil du juste...

Il fallut bien une demi-heure pour que le contingent retrouve son calme. Pendant ce temps, les appelés se racontaient leurs faits d'armes respectifs, comme s'ils revenaient du front. Je vivais une sorte de flash-back dans la cour de récréation de l'école primaire. J'entendais des réflexions amusantes :

- On était vachement soudés, c'est pour ça qu'on leur a mis la pâtée, aux fuscos !
- Eh, les Fusiliers commandos, 'y sont pas si forts que ça !

De nouveau au « rapport » nos chefs nous félicitèrent pour notre courage et notre mobilisation face au danger. J'eus un petit coup d'œil complice vers David (notre dormeur clandestin) qui luttait pour ne pas éclater de rire. Ses yeux encore embués de sommeil.

Le rapport n'était pas encore terminé qu'un groupe d'hommes entra dans le hangar. Ils étaient armés, cagoulés, équipés comme de véritables combattants. Ils avançaient en riant à gorge déployée. Ils se payaient nos têtes et c'était mérité. Ils étaient les fameux fusiliers commandos que nous avions soit disant terrassés ! Mais ils n'étaient que... douze ! Douze ! Les deux cents appelés avaient fièrement gagné contre douze fusiliers commandos qui avaient réussi à les maintenir sous pression constante pendant quatre heures tout en pensant qu'ils étaient plus d'une centaine..

C'est sur ce triste constat que prit fin la grande guerre.

Le lendemain, tout le contingent prit le chemin du retour. Nous étionstous étonnés d'être si heureux de retrouver notre cher bâtiment et notre très chère chambre confortable et chauffée. Ah ! Les douches ! Et les toilettes ! Quel luxe ! Chacun de nous revenait de ces manœuvres la tête pleine de souvenirs, les poches pleines de cartouches et les pieds couverts de cloques.

Nous étions à la fois épuisés par ces quatre jours éprouvants mais aussi conscients d'avoir passé là le plus gros de l'épreuve. D'autant que, cela se confirmait, nous allions peut-être bénéficier d'une permission pour le week-end de Noël. Cette première permission, tout le monde en rêvait sans trop oser y croire. Le suspens avait été gardé jusqu'au dernier moment. Les cadres des Centres d'Instruction s'en servaient comme d'un moyen de pression.

Ce n'est que l'après-midi, vingt minutes avant de monter dans les cars, que l'encadrement nous confirma que nous étions officiellement autorisés à nous absenter de la base. Pendant cette annonce, nous aurions certainement pu entendre une mouche voler si des avions de chasse n'étaient pas déjà en train de le faire.

Avant de partir, il fut procédé à la lecture des noms des punis : ceux qui étaient condamnés à rester. Le Padre de la base, on ne le saura que bien plus tard, s'était disputé avec certains cadres - sans mâcher ses mots selon les témoins -pour raccourcir au maximum la longueur de cette liste. Enfin, lorsque fut donné le signal de rompre les rangs, tous les appelés se ruèrent vers les entrées des bâtiments. Il nous restait dix minutes pour faire nos sacs et nous habiller en civil.

Sortir nos vêtements civils roulés en boule dans ce sac poubelle noir nous procura un plaisir inoubliable. Je retirai prestement mes effets militaires pour les enfermer dans mon armoire. Sur l'un des cintres se trouvait ma tenue de sport encore humide après un exercice sous la pluie.

Certains embarquèrent tout ce qu'ils pouvaient : tenue de combat, tenue de cérémonie... Ils voulaient certainement faire un défilé devant le grand-père ou la petite amie. Pour ma part je n'emportai que mes sous-vêtements sales, les quelques tee-shirts aromatisés senteur "fauve" et les paires de chaussettes noires solidifiées par une utilisation excessive. Je saisis mon sac et courus à l'extérieur du bâtiment où les bus nous attendaient. Je choisis celui dans lequel était déjà monté José, ce camarade qui habitait dans ma rue et qui m'avait proposé de me reconduire en voiture. Le bus mit une éternité à sortir de la base. Il s'arrêta ensuite pour laisser descendre les chanceux qui, comme mon camarade et moi-même, disposaient de véhicules privés. Le bus redémarra et nous laissa seuls sur le parking désert. Nous étions libres.

Lorsque l'on est habitué à la vie civile, on n'apprécie jamais assez la joie simple que l'on peut éprouver à déambuler librement sur un parking. A cet instant précis, j'appréciai à sa juste valeur la liberté : la liberté de faire quelques pas sur le bitume, de marcher les mains dans les poches, de ne me soucier ni de la tenue de mes lacets ni de celle de mon manteau.

Le retour au domicile fut émouvant. Je n'étais parti que deux semaines à peine mais j'avais l'impression que des années s'étaient écoulées. Je savourais chaque instant en essayant d'oublier que je n'étais qu'en sursis.

Pendant cette courte permission, je sus que quelques jours après mon départ ma base aérienne avait envoyé une lettre aux parents. En apprenant j'avais l'impression d'être revenu en enfance. J'étais parti en colonie de vacances et la direction de mon camp informait mes parents de mes activités !

Dans cette lettre, le commandant de la base mettait l'accent sur l'utilité du service militaire :

- *Soyez ainsi assurés que sa présence sur notre base est non seulement utile, mais absolument indispensable.*

Le commandant décrivait ensuite toutes les activités disponibles sur sa base : bibliothèque, foyer, cinéma, clubs, etc. Hélas, la base aérienne dans laquelle j'allais être affecté n'en offrait pas le dixième.

Le commandant faisait ensuite quelques rappels pratiques. On pouvait y lire ce très intéressant passage :

- *[...] pendant la durée du service National, les appelés du contingent ne sont plus couverts par leur régime de sécurité sociale. De ce fait, ils n'ont plus le choix de leur médecin : le recours à des praticiens ou à des établissements civils engage la responsabilité financière des intéressés et de leur famille, qui risquent, ainsi, d'avoir à rembourser d'importantes sommes d'argent, sans participation des Caisses de Sécurité Sociale ou des Services de Santé.*

En résumé, l'armée ne nous retirait pas seulement notre liberté de parole, de choix et de mouvement, elle nous privait aussi de notre médecin traitant. J'ai quelques camarades qui ont goûté la joie du dentiste militaire et qui ont particulièrement apprécié cette fine plaisanterie.

Le meilleur est pour la fin :

- De tout cœur, je souhaite qu'au cours de ces dix mois votre fils prenne conscience de l'utilité de sa présence parmi nous et tire profit de cette période qui le prépare à sa vie d'homme responsable. La réalisation de ses vœux dépend, certes des cadres de la Base dont il dépendra, mais plus encore de l'adhésion qu'il manifestera.

Présentation au drapeau

Après un trop court week-end, mon camarade José et moi-même étions de retour devant les grilles de la base aérienne. Il restait quatre jours avant d'en finir avec notre période d'instruction.

C'était un dimanche ; il était 23h00. Au poste de garde, à l'entrée de la base, assis dans son box derrière un miroir sans teint, le garde visa nos laissez-passer. La grille s'ouvrit sur de nouvelles aventures qui s'annonçaient passionnantes.

J'avais beau me dire que le plus dur était fait, retourner dans cet environnement me foutait un cafard terrible.

Nous étions parmi les premiers arrivés. Ca commençait déjà mal : une forte odeur de moisi s'échappait de mon armoire. Je compris vite. Ma tenue de sport humide de vendredi n'avait visiblement pas pu sécher correctement. Malheureusement ces vêtements étaient les seuls autorisés pour la nuit pendant toute la période d'instruction. Je les vêtis tout de même en prenant soin d'asperger pantalon et veste du plus fort déodorant que j'avais en ma possession.

Les camarades de chambrée arrivèrent assez vite. A minuit, nous étions tous vêtus de notre tenue de sport dans l'attente de la revue de chambre. Mon voisin de lit me jeta un regard soupçonneux :

- Coupez, c'est toi qui pues comme ça ?

Le planning de la semaine était serré. Le jour le plus important était incontestablement le Jeudi. C'est ce jour là que devait avoir lieu notre « Présentation au drapeau ». Cette cérémonie était une sorte de petite « fête » militaire qui clôturait l'instruction militaire. Il s'agissait d'une cérémonie statique pendant laquelle les deux cents appelés passaient du garde-à-vous au repos, et ce plusieurs fois de suite, pendant au minimum une demi-heure. Les autorités profitaient de cette occasion pour décorer quelques militaires appelés ou engagés. Ceux-là étaient appelés les « récipiendaires ». Le tout se terminait par une superbe défilé en armes.

Habituellement, cette cérémonie se déroulait sur la base militaire. Mais exceptionnellement, elle allait cette fois-ci se dérouler dans la rue principale d'une petite bourgade des environs. Mais nous n'en étions pas encore là.

Pour beaucoup, la pire des épreuves allait être celle d'aujourd'hui : la prise de sang. Elle était obligatoire pour tout ; l'objectif étant de déterminer notre groupe sanguin. A cette nouvelle, les plus farouches Rambos qui guerroyaient fièrement changèrent de couleur. Les plus sportifs manquèrent de souffle, les plus beaux grimacèrent et les plus courageux tremblèrent de peur. Mais nous avions tout de même le choix : soit nous nous faisions charcuter par les bouchers de l'infirmerie de la base, soit nous profitions du passage des infirmiers de l'hôpital le plus proche pour faire un don. La simple idée d'être manipulé par les incompétents de l'infirmerie me décida à effectuer mon premier don du sang.

Les infirmiers s'étaient installés au mess des sous-officiers. La salle avait été transformée pour l'occasion en cabinet médicale. Les appelés étaient alignés en file indienne, dans l'attente du fameux contrôle de santé. Le sergent féminin qui nous accompagnait semblait être réticente. Nous avions trouvé un point sensible !

- *Vous ne faîtes pas le don du sang avec nous ?*

Sa réponse fut virulente :

- *Ca va pas, non ??*

Tout le monde se mit à scander :

- *Sergent ! Avec nous ! Avec nous !*

Attiré par le vacarme, un officier s'approcha et renchérit :

- *Les gradés doivent montrer l'exemple.*

Au lieu de mettre calmement en avant je ne sais quelle contre-indication médicale, la jeune fille âgée de dix neuf ans se mit à rougir avant d'hurler:

- *On ne me touchera pas !*

Rouge de colère, elle tourna les talons pour s'enfuir à toutes jambes comme la simple adolescente qu'elle était encore. Cette bonne blague nous fit bien rire.

Mais il n'en restait pas moins vrai que pour la plupart d'entre nous, c'était le tout premier don du sang. Cependant, à la différence du sergent, nous n'avions pas la liberté de refuser.

La file avança, petit à petit. Après le passage obligé devant le médecin, je me retrouvai debout avec une poche en plastique destinée à recevoir mon sang. Derrière moi venait d'arriver un des cadres, un jeune sergent de mon âge qui ne semblait pas très à l'aise. Pour nous changer les idées, une conversation irréelle s'engagea :

- Alors sergent, l'instruction se termine ! Vous devez être aussi content que nous ?
- Oui oui, d'autant plus que ma femme va accoucher dans un mois.
- Vraiment ? Vous devez être heureux alors !
- Oui, mais ça va faire beaucoup de travail !

De plus en plus troublé par cette poche en plastique, j'eus soudainement une petite crise d'angoisse.

- Sergent, entre nous, je commence à regretter d'être venu.

Il me répondit, sans être vraiment convaincu :

- Mais non, mais non. Tout se passera bien. Et en plus, vous faites une bonne action. Allons, un peu de courage que diable !

Une place venait de se libérer. Je m'avançai vers le fauteuil et m'y installai. Je tremblai légèrement en voyant les autres machines qui suçaient bruyamment le sang de mes voisins. Un infirmier s'approcha et prépara l'aiguille. Au même moment, guère plus rassuré, le sergent s'installa sur un siège juste en face de moi.

L'infirmier tapota mon bras à la recherche d'une veine. Il enfonça l'aiguille et c'est précisément à cet instant que ma tête se vida comme un lavabo. Ma vue était complètement troublée et une envie irrépressible de vomir m'assaillit. Je me sentais blanc et froid, mes yeux roulaient dans leurs orbites. L'infirmier s'en aperçut et plaça mon fauteuil à l'horizontal.

- Ca va mieux?

- Moui moui... Ca va durer longtemps ?

- Non, tout au plus une dizaine de minutes.

A ma montre, il était précisément 10:10. Pendant toute la durée de la prise de sang, j'hésitais entre vomir ou tomber dans les pommes. Mon cœur balançait entre ces deux solutions et pour dire vrai, mon cœur balançait tout court. Je redressai difficilement la tête pour regarder autour de moi. En face, j'aperçus mon pauvre petit sergent, blanc comme un linge, la tête dans un seau : lui, il avait choisi de vomir.

J'en avais assez. Je regardai ma montre: 10:20... puis 10:30... Ca faisait long tout de même ! L'infirmier s'approcha et stoppa enfin la machine. Je renaissais ! Il redressa mon siège, et partit s'occuper d'un autre donneur. Ma tête se vida de nouveau. Je me sentis mal, mal, très mal. Mon estomac semblait vouloir me remonter jusqu'aux lèvres. Les images du sergent la tête dans le seau me hantaient. Le gars assis à côté de moi voyait déjà mon petit déjeuner à ses pieds. Il hurla à tout rompre :

- Y' va gerber ! Y'va gerber !

L'infirmier courut et me remit sans ménagement dans la position horizontale. Là, je retrouvai mes esprits.

Au bout d'un quart d'heure de repos forcé, je fis une nouvelle tentative avec, cette fois-ci, un réel succès. Je repartis en titubant vers la sortie où un buffet m'attendait avec ses sandwichs et ses jus de fruit. En voyant ma tête, quelques militaires engagés me lancèrent sur un ton moqueur :

- Alors quoi, aviateur ! Vous êtes un homme ou pas ?

Pendant ce temps, le petit sergent avec lequel j'avais discuté avait regagné sa chambre. Malade comme une bête, ce pauvre chéri terminait de vidanger son système digestif en privé. Pour ma part, on m'envoya séance tenante à mon bâtiment pour participer immédiatement à une répétition du défilé militaire.

Les cadres s'énervaient. La présentation aux drapeaux allait avoir lieu dans quelques jours seulement et il fallait être prêt ! Réunis sur la place du rapport, nous attendions les consignes pour débuter cette première répétition.

J'avais l'impression d'être au garde-à-vous depuis des heures. Je me penchai vers mon camarade à ma droite :

- *Au fait, on attend quoi ?*
- *... que la répétition se termine...*
- *Mais elle commence quand ?*
- *Mais c'est déjà commencé !*

En effet, en regardant d'un peu plus près, je pouvais voir une certaine agitation sur le côté gauche. Une jeune femme tendait ses bras devant elle, simulant ainsi la présence d'un coussin de velours sur lequel allaient être posées les décorations remises à cette occasion.

Après la cérémonie, ce fut le grand défilé. Nos chefs respectifs hurlèrent leurs ordres :

- *A mon commandement : GARD'VOUS !*

La suite fut un désordre total. Il y avait des sections dans tous les sens. Au lieu de nous faire rompre les rangs pour regagner le lieu du défilé au pas de course, les cadres se sont fait un devoir de procéder à la manœuvre au pas cadencé. Une gageure, une folie... Les ordres des différents chefs de secteurs fusaient dans toutes les directions : « Section, à droite... droite ! », « Pour une avancée de dix pas, en avant... marche ! », « Section, à mon commandement, halte ! », « Pour une avancée de quinze pas, en avant… marche ! », « Section, à gauche... gauche ! », « Pour une direction inconnue, en avant... marche ! ».

Au bruit des ordres hurlés par les uns et des insultes proférées par les autres s'ajoutait le bruit des bottes. Nous avions l'impression d'être de gros camions que des conducteurs un peu maladroits tentaient de garer en créneau dans une place trop étroite.

Les sections étaient maintenant lancées au pas cadencé et à bonne allure. L'ordre que nous détestions finit par tomber :

- *Elève chant ! Le TON pour le chant.*
- *C'est nous c'est nous, les descendants des régiments d'afriiiii (reprise de souffle) iique...*
- *TROIS... QUATRE !*

Sur le lieu du défilé, il nous fallut attendre la voiture sono. Ce véhicule était sensé nous donner le rythme de la marche. Au bout de dix minutes d'attente en plein vent, certains cadres eurent la bonne idée de se renseigner.

- *La sono de la voiture vient de lâcher.*
- *Ben alors, qu'est ce qu'on fait ?*

Pendant plusieurs minutes, les cadres cherchèrent la solution. Un aspirant en trouve une et revint en courant avec une énorme « music-box ». Appareil sur l'épaule, volume à fond, le défilé put enfin commencer.

- *C'est simple : vous suivez la musique. Tous les deux temps, vous posez un pied ! C'est évident ! Y a qu'à écouter la musique!*

Nous avons ainsi marché dix mètres aux côtés de l'aspirant équipé de sa sono personnelle. Pour une fois, ils n'avaient pas menti : c'était facile ! Hop le pied gauche, hop, le droit, hop le gauche, ... Nous avancions à vive allure et tout le monde était en cadence. Soudain, le volume de la musique baissa et finit par être progressivement remplacée par le simple bruit du vent : l'aspirant et sa sono étaient partis à l'arrière du défilé.

C'est alors que nos ennuis commencèrent :

- *C'est pas aligné ! C'est pas au pas ! Qui c'est qui m'a foutu des cons comme ça ?*

L'aspirant revint en courant nous redonner un petit coup de musique :

- *C'est mieux ! Continuez comme ça....*

Réclamé à cors et à cris par les autres sections, l'aspirant nous quitta une fois de plus en courant. Notre sergent nous servit alors sa propre musique :

- *C'est pas aligné ! C'est pas au pas ! Qui c'est qui m'a foutu des cons comme ça ?*

Evidemment, ces problèmes de sonorisation eurent un impact sur la qualité de notre prestation. Il ne fallait donc pas s'étonner du contenu du rapport au soir de cette sombre journée :

- *Messieurs, nous ne sommes pas contents de vous.*

Nous n'étions pas étonnés. Depuis le début de l'instruction, les cadres commençaient toujours leur discours par cette phrase. Mais cette fois ci, le rapport s'était terminé d'une étrange façon :

- Les aviateurs du bâtiment T10 doivent rester alignés dans le couloir, devant leur porte de chambre.

En entrant dans le bâtiment, nous nous posions tous la même question : qu'est ce qu'ils allaient encore nous faire ? Quelques minutes plus tard, nous étions alignés les uns derrière les autres devant notre chambre. Nous ne savions encore rien des raisons de toute cette agitation. Quelques uns tentèrent de s'échanger quelques mots mais les cadres veillaient :

- Les deux au fond du couloir : TAISEZ VOUS !

Nous bougions discrètement les jambes pour éviter l'engourdissement complet, mais les cadres veillaient toujours :

- IMMOBILITE COMPLETE J'AI DIT !

Nous commencions à avoir de belles crampes. Nous étions immobiles depuis bientôt une heure, les bras dans le dos, comme des prisonniers. Nous ne savions toujours pas ce qui se passait ni ce qui nous attendait. Thierry, plus fragile, n'a pas supporté. Au bout de trois quarts d'heure, il est purement et simplement tombé dans les pommes. Les infirmiers appelés en urgence disaient ne pas comprendre l'origine du malaise. J'hallucinais ! Je me souviens avoir fixé cet infirmier des yeux dans l'espoir de déterminer s'il se payait notre tête ou s'il était sérieux.

Notre camarade fut emmené en observation, et malgré l'incident, de nouveau, nous avons du nous tenir parfaitement immobile. Attendre, attendre, toujours attendre, ras le bol d'attendre.

Soudain nous avons entendu quelques petits bruits difficiles à identifier dans un premier temps : une respiration saccadée, et des bruits de pas très bizarres comme des petits « tic tic tic tic » sur le sol plastique. Quelques secondes plus tard, face à la porte de notre chambre se présenta un adjudant fusilier commando accompagné de son chien. Nous avions droit à une fouille narcotique surprise.

- Entrez ! Que chacun se tienne face à son armoire. Une question avant de commencer l'inspection : est-ce que certains d'entre vous fument du hasch, ou en détiennent, ou les deux à la fois ? Si vous en avez, ce chien le trouvera. Il vaut donc mieux le dire tout de suite.

Devant notre réponse négative, le militaire ajouta :

- C'est bon, tant pis pour vous ! Après l'inspection, il sera trop tard pour vous expliquer. Allez Bruce, cherche !

Le chien démarra sa recherche. Il passa devant chaque meuble, chaque lit, chaque table de nuit, renifla, renifla, renifla encore. Rien ! Il continua et arriva à ma hauteur. Je me suis dis : « logiquement, comme les tuiles c'est toujours pour moi, ce con va aboyer ».

Il me renifla en détail à un endroit de mon anatomie que la décence m'interdit de préciser, ce qui déclencha en moi un mélange de gène et de fou rire intérieur que j'eus beaucoup de mal à cacher. Précisons qu'avec les rythmes d'enfer que nous avions chaque matin, nous avions tous décidé de ne plus nous laver afin d'éviter les punitions pour retards. Le pauvre chien n'était donc pas venu pour rien.

Bruce finit par me laisser et passa aux lits suivants. Il stoppa net devant notre camarade Arnaud. Il renifla, renifla encore, comme pour être sûr de ne pas se tromper. Il tourna la tête vers l'Adjudant. Son regard semblait vouloir dire : « Ca y est maître! On en tient enfin un ! ».

Le copain commença à paniquer...

- Moi ? Mais non voyons !

L'adjudant s'approcha en se frottant presque les mains.

- Alors mon gars, t'es gentil, tu vides tes poches.

Arnaud s'exécuta tout en protestant, s'adressant alternativement au chien et à son maître. Cherchait-il à convaincre l'animal ou l'homme, ou les deux à la fois ? Les deux lui réservaient en tout cas la même qualité d'écoute.

- Je vous assure que je ne fume pas de hasch!!

Tout en continuant à examiner scrupuleusement les objets sortis de la poche, l'adjudant lui dit :

- *Bien sûr, bien sûr... Des innocents, j'en ai vu des centaines... Ils disent tous ça...*

Un morceau de mouchoir en papier attira son attention. Il sentait qu'il touchait au but. Il se plaisait à nous répéter qu'il connaissait tous les trucs ! Il ouvrit délicatement le vieux mouchoir et découvrit à l'intérieur de petites boules de matière indéfinie. De par la consistance, il comprit vite que ce n'était pas du hasch.

Il passa au mouchoir suivant, puis examina un autre, puis encore un autre. Le pauvre Arnaud, rouge de honte, ne s'était pas rendu compte du nombre de vieux mouchoirs séchés qu'il avait dans ses poches ! Lassé de renifler les contenus de vieux mouchoirs et – horreur – ceux d'autres beaucoup plus récents, l'adjudant s'adressa à Arnaud en ces termes :

- *Alors mon gars... Avoue ! Tu fumes du hasch ?*
- *Non mon adjudant ! Je vous jure !*
- *Alors... Tu connais des gens qui en fument ?*
- *Non, mon adjudant !*
- *Bon, je vais être clair avec toi : mon chien ne peut pas te marquer comme ça sans raison. Alors il y a forcément quelque chose. Tu fais quoi dans le civil ?*
- *Je suis étudiant*
- *AH !* dit-il, comme s'il venait d'avoir la preuve de ses accusations. *Et dans quelle ville tu fais tes études ?*
- *Paris...*
- *AAH... !*

Assurément, ça confirmait les soupçons

Il tourna autour d'Arnaud avant de reconduire son chien dans le couloir. Puis il revint et d'un air hautain balaya notre chambrée des yeux. A cet instant, nos regards se croisèrent.

- *Toi ! L'homme à lunettes, viens ici ! Tu prends la place de ton copain, et toi (il parlait à Arnaud) tu vas à sa place à lui.*

L'adjudant partit chercher son chien qui recommença son manège. L'animal me renifla longuement, avant d'aller renifler mes autres camarades pour la seconde fois. Toutefois, il ne broncha pas plus pour Arnaud que pour les autres. Il revint calmement vers son maître la langue pendante. L'adjudant, haineux, se dirigea vers Arnaud :

- *T'as de la chance, tu t'en tires plutôt bien.*

Il sortit un gros carnet de sa poche.

- *C'est quoi ton nom ?*

Arnaud s'identifia.

- *Bon... On va te surveiller, Arnaud M.*

L'adjudant et son clebs quittèrent notre chambre. Le militaire s'arrêta un instant sur le seuil de notre chambre et – je jure que c'est authentique - ajouta le plus sérieusement du monde :

- *Je reviendrai...*

Chaque nouvelle épreuve nous rapprochait de la fin de notre instruction. Après le test écrit qui devait valider nos connaissances théoriques, notre nouvelle épreuve était la répétition du grand défilé. Cette répétition grandeur nature devait se dérouler sur les lieux mêmes de la cérémonie, dans une petite ville des alentours.

Le voyage pour s'y rendre ne fut pas bien long. Cette petite ville ressemblait aux villes des cartes postales. Située sur une colline entourée d'un court d'eau et d'une forêt, cette bourgade présentait un réel intérêt esthétique. Le bus s'arrêta à un carrefour, et devant des passants médusés, les deux cents appelés du contingent 93/12 prirent possession de la rue principale, bientôt coupée à la circulation pour notre sécurité.

Pendant un peu plus d'une heure, tout le contingent rejoua la cérémonie de la veille sous l'œil inquisiteur de nos cadres. Une fois la répétition de la cérémonie terminée, celle du défilé put commencer. A quelques mètres de là les enfants d'une école nous applaudissaient depuis leur cour de récréation en criant « Vive la France ! Vive la France! ».

A la fin de la répétition, la nuit commençait déjà à tomber et la météo devenait de plus en plus menaçante. De retour à la base, nous avions donc hâte de regagner nos chambres. La répétition n'avait pas du satisfaire nos cadres car au lieu de nous abriter, un ordre tomba sur nos têtes comme le tonnerre :

- *Chefs de section ! Formez le défilé !*

Malgré un vent de plus en plus fort, malgré la pénombre et bientôt la nuit, les cadres avaient décidé de nous faire répéter une fois de plus. Tous les appelés furent donc obligés de se rendre au pas cadencé sur une piste secondaire éclairée par de puissants phares.

Il y faisait un vent terrible, bientôt accompagné d'une fine pluie glacée. A cause des rafales, les ordres des cadres et la musique étaient inaudibles. Le temps tournait à la tempête, mais les cadres faisaient comme si de rien n'était. Bientôt, la pluie glacée fit place à la grêle. Obéissants et soumis, pas un des appelés ne bougea. Mais on pouvait entendre dans les rangs une sorte de plainte discrète.

Ce fut une réelle torture. Poussée par le vent, la grêle fouettait nos visages. Je gardai mes yeux fermés et commençai à être complètement engourdi par le froid. Mes paupières me faisaient mal, sans parler de mes oreilles que je ne sentais plus. Quant aux vêtements, ils étaient complètement trempés. Tout à coup, prenant certainement conscience de la situation, le capitaine commandant le centre d'instruction hurla :

- *Retour en chambre, et au pas de course !*

Il ne fallut pas nous le dire deux fois. Toujours sous la grêle, je piquai un petit sprint avec mes camarades, les vêtements transpercés par l'humidité et la tête prête à exploser. Ce soir-là, les cadres nous autorisèrent à laisser nos vêtements en dehors de nos armoires, afin de les faire sécher convenablement pendant la nuit. C'était une autorisation exceptionnelle !

Mais avant l'extinction des feux, le sergent chef P. nous demanda de nous aligner par ordre alphabétique dans le couloir. C'était le grand moment de l'annonce des notes individuelles.

Cette note évaluait la qualité de notre prestation pendant la période des classes. Elle correspondait à une savante moyenne entre nos résultats au tir, nos résultats aux tests écrits, aux tests sportifs. Entrait dans le compte aussi la fameuse « note de gueule » qui dépendait principalement de la bonne relation que l'appelé entretenait avec ses cadres instructeurs.

On nous fit entrer un par un dans une chambre. A l'intérieur se trouvaient assis à la table le sergent chef P. et le sergent qui avait si mal vécu le don du sang. Des feuilles, des dossiers jonchaient la table.

A la sortie de cette chambre, les premiers furent assidûment questionnés par leurs camarades. Les questions étaient les mêmes que celles que l'on posait à l'école.

- *Combien t'as eu ? Combien t'as eu ?*

Chacun répondait s'il le désirait et comme il le désirait :

- *Quatorze !*
- *Et mon poing sur la g....., tu le veux ?*
- *Super, quinze !*
- *Huit, huit, tu te rends compte ! Seulement huit !*
- *Va te faire foutre...*

Ce fut bientôt mon tour. Je n'étais pas très optimiste : j'avais obtenu de piètres résultats aux épreuves sportives, ainsi qu'aux exercices de tir et surtout j'avais montré ostensiblement mon manque de motivation pendant les manœuvres. Je m'attendais à avoir une note minable. J'entrai et me dirigeai vers les deux militaires. L'un d'eux chercha mon dossier :

- *Bon, note de gueule : douze ! Pour le reste, je ne détaillerai pas. En tout, moyenne générale de dix-sept.*

Je restai bouche bée !

- *Dix-sept ? Vous êtes sûr ?*

Le gars vérifia ses papiers :

- *Oui oui, pas d'erreur : vous avez bien dix-sept de moyenne.*
- *Ecoutez, il y a forcément une erreur. Je ne peux pas avoir dix-sept de moyenne.*

Le gradé ne comprenait pas ma réaction. Il comprit enfin le malentendu :

- *Ah mais non ! ! Vous n'avez pas dix-sept de moyenne, mais dix <u>virgule</u> sept !*

Ces derniers jours avaient été marqués par un autre événement majeur dans notre vie militaire : l'annonce de notre affectation définitive. La base dans laquelle nous nous trouvions n'était jamais qu'une base d'instruction. Je ne savais toujours pas où j'allais passer les neuf prochains mois. Je redoutais cet instant. Je savais que mon piston avait eu un raté. Je voulais être basé dans le Nord mais mon arrivée dans cette base n'était pas bon signe.

La première personne que nous devions rencontrer, c'était le Lieutenant C. Je me souviens très précisément du sourire qu'il eut au moment où il m'annonça mon affectation :

- *Aaaah... Coupez ! Voyons, mais oui, bien sûr !*

Et il prononça le nom de ma base d'affectation avec un sourire machiavélique. Il n'avait pas besoin de m'expliquer quoi que ce soit tant son sourire en disait long. Cette base avait très mauvaise réputation. J'imagine qu'elle était d'ailleurs très certainement surfaite pour impressionner les appelés et s'en servir comme moyen de répression. Nous avions en effet passé trois semaines à entendre les cadres menacer de nous y envoyer si nous ne filions pas droit. C'était, en quelque sorte, la punition ultime.

Le vrai problème restait l'éloignement de mon domicile. La rencontre quelques heures plus tard avec les responsables des affectations n'y changea rien. Et lorsque j'évoquai ma vie maritale sur Lille, la réponse tomba comme un couperet :

- *Vous saviez que vous aviez l'armée à faire, jeune homme. Il ne fallait pas vous installer avec votre amie. Assumez maintenant !*

Dernier jour, 5:45.

- *Réveil des aviateurs. Réveil des aviateurs. Courage les gars, c'est la dernière !*

Ce matin-là, tout le monde était joyeux. Nous avions rendez-vous à onze heures dans la petite ville voisine pour la cérémonie de la Présentation Aux Drapeaux. Arrivaient ensuite les « grandes vacances » : dix jours en famille pour les fêtes de fin d'année. Toilette, habillement, nettoyage des locaux, tout fut fait avec empressement et dans une bonne humeur inhabituelle. Le cheval sentait ses écuries, mais les cadres faisaient encore en sorte qu'elles ne fussent pas celles d'Augias.

Pour cette grande occasion, nous devions revêtir une tenue de parade. Elle se constituait d'un grand manteau bleu, d'un pantalon et d'une veste, et surtout de « magnifiques » guêtres blanches. Cette tenue devait certainement dater des années cinquante. C'est en tout cas celle que j'ai retrouvée par la suite sur les photos des jeunes qui ont été incorporés dans ces années là. En enfin, nous avions le droit de porter ces fameuses épaulettes qui m'avaient apporté tant de problèmes au début des classes.

Nous étions fous de joie. Finir les classes. Nous allions regagner notre domicile : c'était inespéré. Nous étions tellement heureux que nous imaginions une cérémonie à la mesure de notre bonheur, avec beaucoup de monde et quelques acclamations. Seule la déception nous attendait. A notre arrivée, il n'y avait presque personne. Trois pelés et un tondu attendaient en râlant. Ca caillait sec et on sentait la pluie toute proche. Quelques gamins se moquèrent de notre accoutrement, tandis que les jeunes filles du patelin évitaient de passer devant nous, afin d'éviter de croiser certains de nos camarades que la puberté travaillait encore. Les seules femmes qui nous regardaient en souriant étaient les grand-mères, qui semblaient d'ailleurs plus amusées qu'impressionnées. La vie est dure.

Comme aux répétitions, notre tâche consistait à rester parfaitement immobile. Nous avons du rester au garde-à-vous pendant une éternité. L'attente fut plus longue que d'habitude : les officiels étaient en retard. Les conséquences physiologiques d'une position debout trop longue sont connues et elles ne tardèrent pas à se manifester.

Soudain, j'entendis le bruit d'une chute, immédiatement suivi d'une exclamation des spectateurs. Je regardai discrètement à gauche et vis trois gars ramasser un appelé de notre contingent : il venait de tomber dans les pommes. Cette cérémonie allait vite tourner à l'hécatombe.

Quelques minutes plus tard, on entendit le bruit d'une seconde chute et de nouveau des murmures de la foule : et de deux... Rapidement, une troisième chute ! Les spectateurs commençaient à s'agiter. Puis, encore une autre chute ! Là, j'ai crû l'espace d'une seconde que les mères de famille allaient mettre un terme à la cérémonie. Pour finir la série, un cinquième et dernier appelé s'écroula. C'est alors qu'une spectatrice hurla en plein discours du Colonel :

- *Assez ! Assez ! Arrêtez tout ça ! Ca suffit maintenant !*

Imperturbable le Colonel de la base continua son discours. Nous avions passé trois semaines à nous faire insulter tous les jours, mais aujourd'hui le Colonel nous expliquait avec une pointe d'émotion dans la voix combien nos cadres étaient fiers de nous, et comment nous avions bien réagi à chacune des épreuves. Je m'efforçai de ne pas rire. Le colonel termina par ces quelques mots qui resteront gravés dans ma mémoire (ces paroles sont exactes quasiment au mot près) :

- *Désormais, vous allez être des adultes à part entière. Avant de venir parmi nous, vous n'étiez que des enfants. Aujourd'hui, au sein de l'armée de l'air, vous allez avoir de vraies responsabilités, une vraie mission.*

Je bouillonnais sur place. La colère grondait chez mes autres camarades jeunes diplômés dont la carrière naissante était mise en veilleuse le temps du service. Certains baissaient les yeux, dégoûtés et impuissants. J'entendis mon voisin murmurer : « c'est pas possible ! ».

A l'issue de cette cérémonie débuta le défilé militaire. Avant que le signal du départ ne soit donné, des cadres couraient dans les rangs, en hurlant leurs dernières instructions :

- *Soyez au pas ! Surtout, soyez au pas ! Gardez la tête droite et haute, bombez le torse ! Vous êtes fiers ! Vous êtes fiers !*

Le défilé se déroula sans accroc. Les cadres semblaient satisfaits : la pression s'était relâchée. Il nous restait à assister au cocktail donné par le Monsieur le maire en notre honneur. La réception devait se tenir dans une minuscule salle des fêtes. Nous nous sommes serrés tant bien que mal. A gauche, les appelés du contingent, à droite les familles et autres autorités civiles et militaires.

Le maire prit la parole. C'était un homme âgé qui avait un peu de mal à s'exprimer sous le coup de l'émotion. Son discours était long, très long, trop long. Le maire s'aperçut de l'impatience des hommes du rang qui lorgnaient comme des enfants sur les petits fours et les boissons. Il buta sur certains mots, en avala d'autres. Il hacha, mordilla des syllabes, se trompa de ligne. Ce n'était plus un discours mais une véritable course aux obstacles !

A la fin du discours, le Colonel prit la parole à son tour.

- Monsieur le maire, je me suis renseigné sur votre compte, et j'avoue que j'ai été fort impressionné. Vous êtes décoré de la légion d'honneur, de la croix agricole, de la croix de guerre, de la croix de....

Et le Colonel égrena la liste de toutes les distinctions reçues par Monsieur le maire, que j'espérais meilleur maire qu'orateur. La lecture de la liste mit un terme définitif aux quolibets du contingent.

- J'ai compté et j'ai vérifié : vous avez reçu toutes les distinctions qu'un civil peut recevoir, et une bonne partie des décorations militaires possibles pour fait de guerre. Monsieur le maire, même moi qui suis Colonel et Commandant d'une base aérienne, je me dois de m'incliner devant votre mérite que je n'ai pas encore la prétention d'atteindre.

Tout le monde applaudit, plus enthousiaste encore parce que c'était le dernier discours. Une plaque commémorative fut remise au maire et pour conclure, suprême honneur, on nous fit chanter la chanson de notre contingent. Rouge de honte, je chantai en regardant le plafond ou une fenêtre pour éviter de voir les sourires amusés de nos spectateurs qui se maîtrisaient pour ne pas pouffer de rire.

A la fin de notre récital, tout le monde convergea vers le buffet. Se sentant soudain délivrés, les appelés hurlèrent de joie dans la petite salle des fêtes. Par leurs cris souvent déplacés, le contingent passa rapidement pour une belle brochette de cinglés. Je préférai me retirer, et prendre l'air quelques minutes à l'extérieur.

Dehors, je vis un enfant d'environ six ans qui regardait avec gourmandise les armes que nous portions sur la poitrine. Il semblait fasciné par cette profusion de militaires, d'uniformes et de calots.

Je regardai quelques instants ce petit bonhomme : j'avais l'impression de l'avoir déjà vu quelque part. Ses cheveux blonds, sa bouille bien ronde, ses yeux bleus pâles, cet éblouissement pour l'armée, ça me disait quelque chose. Je cherchai, mais ne trouvai pas. Un appelé passa devant lui et lui fit un grand sourire. Le gosse dont le regard croisa celui du jeune homme, se mit instinctivement au garde-à-vous. Le jeune appelé se pencha vers lui et lui dit sur un ton paternel :

- *Profites-en bien, tant que tu es petit.*

La mère du gamin sourit devant ce conseil plein de bons sens. Et alors, la mémoire me revint. Je savais où j'avais déjà vu cet enfant. C'était dix-huit ans plus tôt dans le miroir de ma salle de bains.

Je suis resté songeur pendant un bon moment. Cette rencontre avec ma petite enfance m'avait donné le spleen. Je pense que la vie est ainsi faite : on vieillit petit à petit sans s'en rendre compte et si on n'y prend pas garde, on se réveille un jour les cheveux grisonnants et on s'entend dire, d'une voix brisée par l'âge : « Comme le temps passe vite ! ».

Mais, de temps en temps, des événements sortant de l'ordinaire (naissances, décès), des rencontres exceptionnelles ou banales apportent cette petite étincelle qui remet les compteurs de la vie à zéro. En un instant, on prend conscience que le temps passe et on fait un bilan du passé.

C'est ce que j'ai fait en cet instant peu banal, dans mon uniforme de l'armée de l'air, coiffé du calot, armé jusqu'aux dents. J'ai ainsi déambulé en face de la salle des fêtes, la tête pleine de souvenirs en repensant à l'enfant que j'étais ; celui là même que j'avais reconnu quelques instants auparavant. Après un bilan rapide de mon existence, j'arrivai à cette seule conclusion : j'avais des parents formidables et je savais que je n'aurai pas assez de toute une vie pour les remercier.

Pendant le voyage de retour à la base, tout le monde chantait sans qu'aucun des cadres n'ose nous l'interdire. Ce brouhaha formidable contrastait avec le silence monacal auquel nous étions d'ordinaire astreints. Cette soudaine liberté marquait la fin d'une période difficile et le début d'une ère nouvelle.

Les cadres étaient aussi heureux que nous. Les classes avaient été dures pour tout le monde. Certains cadres engagés avaient bien failli craquer nerveusement sous la pression des aspirants. Nous avons su par la suite que certains des cadres qui avaient pris notre défense contre les abus manifestes des officiers à notre égard, avaient très cher payé leur rébellion. Quel paradoxe ! Ils avaient essayé de nous donner une vraie instruction militaire, et en temps de guerre, c'est eux que nous aurions suivis!

Une fois arrivés à la base, tout alla très vite : réintégration des armes, des effets vestimentaires de défilé, puis départ vers le mess. Même le Lieutenant C. semblait avoir radicalement changé. Il venait à notre encontre pour plaisanter, et tentait de justifier par des motifs fumeux son inadmissible comportement pendant les trois semaines de classes. Pour ma part, quels qu'aient été les objectifs de ces traitements (obéissance, cohésion…), je ne pouvais m'ôter de l'idée que, pour développer tant de haine et de vice trois semaines durant, cet individu ne pouvait être psychologiquement sain.

Au premier jour des classes, lorsqu'il avait menacé de se « souvenir de moi », certainement ne pouvait-il s'imaginer que des années plus tard, j'allais immortaliser son comportement par la publication d'un livre !

Nous avons ensuite préparé nos sacs, en vitesse. Nous n'avons presque pas parlé du retour inévitable pour effectuer le « circuit départ » avant d'être ventilés dans nos unités respectives. Ce circuit consistait à refaire le parcours inverse de celui que nous avions suivi en arrivant. Ce fut à nouveau des heures d'attente interminables. Mais qu'importe : les classes étaient enfin finies et c'était bien l'essentiel.

La vie sur base

Le bus roulait depuis bientôt trois heures. A l'intérieur, certains dormaient, d'autres lisaient, d'autres encore discutaient ou regardaient le paysage défiler par les fenêtres. Quelques-uns parmi nous étaient follement heureux à mesure que nous approchions de notre destination :

- *Tu parles ! J'habite à cinq minutes à peine de la base !*

Toujours calé au fond du bus, la tête posée contre la vitre, je regardais ce paysage campagnard que traversait cette petite route nationale. J'enviais ces gens qui circulaient dans ces petites rues, libres de leur mouvement. A les voir si libres, je réalisais davantage que ma vie ne m'appartenait plus.

Régulièrement, je disparaissais au fond de mon siège lorsqu'un des occupants du bus faisait au travers de la vitre des gestes obscènes aux jeunes femmes dont nous croisions la route. Pour certains, la maturité annoncée par le Colonel se faisait toujours attendre.

Au bout de quatre heures de voyage, notre bus quitta la route nationale pour emprunter une toute petite départementale. Notre camarade confirma la fin de notre voyage :

- *On arrive ! C'est la prochaine à gauche.*

Le bus ralentit. A gauche de la route, nous ne pouvions voir que la forêt, tandis que sur la droite s'étendait le grillage de l'enceinte de la base. En face il y avait une petite montagne boisée. Le bus effectua une manœuvre. Après un contrôle des papiers, le véhicule pénétra dans l'enceinte de notre nouvelle base.

Le véhicule s'arrêta quelques mètres après l'entrée. Nous en sommes descendus, en rang et en ordre, habillés de nos uniformes et de nos longs manteaux bleus. L'ambiance était étrange. La nuit commençait doucement à tomber. Le froid et le stress nous faisaient frissonner. Dans cette pénombre naissante on pouvait entendre les aboiements des chiens de la base cynophile ainsi qu'un chant lugubre qui nous glaçait le dos.

Une colonne de Fusiliers commandos passa devant nous. Ils marchaient lentement. Leurs bras faisaient un mouvement ample et lent de balancier. Le bruit de leurs bottes battait la mesure. Ils chantaient en canon une chanson sinistre qui nous nouait les tripes :

- *Loin de chez nous... En Afrique !*

Nous étions tétanisés. Les bâtiments étaient gris et anciens. La base semblait vide, sans vie.

Quelques minutes plus tard, notre aspirant accompagnateur donna l'ordre de nous mettre en formation, pour une marche au pas cadencé en direction d'un des bâtiments.

- *Comme pendant les classes, fit remarquer un de mes camarades.*

La première démarche fut de nous rendre au poste de sécurité qui devait nous fournir des laissez-passer provisoires dans l'attente des badges définitifs. On nous donna de petits badges plastiques sur lesquels était imprimé un grand V comme VISITEUR.

Mine de rien, ce détail avait une importance majeure car pendant le service national, les plus anciens s'imaginaient avoir sur les nouveaux venus un ascendant très légitime. Porter le badge VISITEUR, c'était porter sur le dos une cible rouge au milieu d'un champ de tir. Gare à celui qui ne se défendait pas : il avait toutes les chances d'être dans la ligne de mire des bizuteurs en puissance.

La seconde étape fut de nous rendre au « dortoir » des appelés. Un long couloir pavé de carrelages blancs conduisait vers des chambres qui étaient toutes aussi provisoires que nos badges. La composition des chambrées fut pour le moins expéditive :

- *Chambre vingt quatre : vous, vous, vous, et vous...*

J'entrai avec mes nouveaux colocataires. Les armoires, les lits, les chaises, en un mot tout le mobilier était identique à celui de notre centre d'instruction. On nous emmena ensuite en file indienne dans le bâtiment voisin chercher notre couchage constitué de deux draps, deux couvertures et un traversin. J'avais l'impression d'être un prisonnier que l'on changeait de cellule.

De retour dans le bâtiment, le sergent de semaine nous expliqua les règles de vie :

- Vous devrez faire les TIC (Travaux d'Intérêt Collectif) de votre chambre une fois par jour. On contrôlera. Quand il n'y a personne, votre chambre doit être constamment fermée à clef, et la clef déposée à la semaine (bureau du sous-officier responsable du bâtiment). Chacun d'entre vous sera appelé de temps en temps à faire les TIC du bâtiment. Le matin, vous devez complètement démonter tout votre lit et mettre draps et couvertures dans vos armoires. Vous referez votre lit tous les soirs pour vous coucher. Le couvre-feu est à 22:30, le lever à 6:45. Une fois tous les deux mois, il y aura un contrôle complet de votre paquetage. Tous les jeudis, il y a sport obligatoire, avec jogging pour commencer. Quelquefois, le jeudi toujours, vous pourrez aussi avoir à assister à la cérémonie de la levée des couleurs. Bonne nuit messieurs...

On nous avait tellement dit qu'après les classes l'ambiance était plus détendue, que personne ne s'attendait à de pareilles contraintes.

A l'heure du souper, l'aspirant nous accompagna au mess. La salle était grande et haute de plafond : une vraie cantine scolaire. La pauvreté du menu allait de pair avec celle des plats.

Autour de nous, les quolibets allaient bon train. Les plus anciens riaient de nos mines peu réjouies. Ils nous montraient quelques majeurs bien tendus, et lançaient à notre encontre quelques insultes qui rendaient le moment surréaliste :

- Eh ! Sales bitos !

J'avais déjà l'impression de m'être trompé de planète, quand quelque chose tomba dans mon assiette. C'était un bout de pain. J'en reçus un autre, puis un autre encore. A deux mètres de nous, de grands gamins de dix-huit ans nous balançaient des bouts de pain en riant grassement. On se serait crû en maternelle ou dans un hôpital psychiatrique !

De retour dans la chambre, je fis plus ample connaissance avec mes colocataires. Ils avaient tous dix-huit ans et venaient de la banlieue chaude de Paris. L'un d'entre eux expliqua qu'il préférait être ici plutôt que chez lui :

- *Mon père, c'est un taré. Il est venu voir notre défilé : t'as dû le voir, il était avec ses décorations de la légion. Il tabasse ma mère, il est fondu.*

Une chose était sûre : l'ambiance de la chambre n'avait rien à voir avec celle que j'avais connue pendant les classes. Assis sur mon lit, adossé au mur, j'essayais de m'isoler le plus possible en me plongeant dans la lecture. Pendant ce temps, les trois autres parlaient de sexe.

Car s'il était un sujet brûlant à l'armée, c'était bien celui-là. L'expérience du contingent dans le domaine était assez disparate. Mais de façon générale, la grande honte pour un jeune eut été d'avouer soit sa virginité, soit son homosexualité. Pour éviter d'être suspecté de l'un ou l'autre de ces crimes, chacun s'évertuait donc à raconter ses expériences sexuelles réelles ou imaginaires.

Les jeunes « puceaux » étaient facilement reconnaissables par leur enthousiasme démesuré. Emportés par l'élan d'une libido mal contrôlée et par une connaissance uniquement livresque de la chose, ils donnaient des détails croustillants qui trahissaient leurs fantasmes.

- *Toutes des salopes !!*

Affirma d'un air connaisseur celui qui avait pris possession du lit face au mien. Les autres confirmèrent par un beuglement viril. Très vite, ils donnèrent chacun des détails sur leur petite amie, si tant est qu'ils en aient vraiment eu une. L'un décrivait la position sexuelle préférée de sa « grosse » (je cite), l'autre ce qu'elle aimait qu'il lui fasse. Les détails devenaient de plus en plus scabreux presque cliniques.

Par miracle, je parvins à m'endormir. La nuit fut réparatrice, malgré un réveil vers deux heures du matin provoqué par l'un des occupants de la chambre. Il s'était levé bruyamment pour soulager sa vessie dans l'unique lavabo de notre chambre.

Le lendemain était un grand jour. Nous allions enfin savoir à quel poste nous allions être affectés. C'était ce fameux « poste à responsabilité » qu'avait évoqué notre Colonel pendant la présentation aux drapeaux.

Tous les nouveaux arrivants étaient alignés devant un grand bâtiment. Sur la vitre de la porte d'entrée était écrit en grandes lettres « PC BASE ».

Lorsque vint mon tour, j'entrai dans le couloir principal, puis dans une pièce à gauche. A l'intérieur se trouvaient une femme adjudant, ainsi qu'un lieutenant entouré d'une montagne de papiers et de dossiers. Ils représentaient en quelque sorte la DRH (Direction des Ressources Humaines) de la base.

- Aviateur Coupez ! C'est ça ?

- Oui mon lieutenant.

- Bon, alors lui, c'est un informaticien. Et merde : il est HTR ! Vous êtes content de vous je présume ?

Je répondis aussitôt :

- Euh, ça veut dire quoi, HTR ?

- HTR, Hors Tableau Reclassement. Cela signifie qu'avant votre incorporation, en déposant vos diplômes, vous avez été enregistré comme informaticien, et que, par conséquent, je ne peux absolument pas vous donner un autre poste. Dommage, j'avais besoin de quelqu'un en cuisine.

Le lieutenant lut ma fiche :

- Vous êtes gestionnaire aussi ?

- Oui, enfin... La MIAGE [Maîtrise en Informatique Appliquée à la Gestion des Entreprises] est assez polyvalente. J'ai une bonne formation en informatique, et de bonnes connaissances en gestion et en comptabilité.

Le lieutenant prit le téléphone, tout en parlant à la femme adjudant :

- Ca peut les intéresser, là-haut, un informaticien gestionnaire! Tu ne crois pas ?

Il attendit la communication.

- Ouais, salut ! Ici c'est le Lieutenant T. J'ai ici un gars qui pourrait vous intéresser. Ben, il faut en parler au Commissaire. Il n'est pas là ? Meeerde ! Bon il me faut une réponse, moi. Il fait de l'informatique, et il touche pas mal sa bille en gestion, compta, tout ça quoi. Ca devrait vous intéresser ! Bon, eh ! Décidez-vous ! Moi, il faut que je le case quelque part. Je ne sais pas quoi en faire. Alors, vous me le prenez ?

Pendant tout le temps que dura cette tractation, je fus pris de nausées. Je repensai à toutes mes années d'études, aux sacrifices de mes parents pour les financer, à ce poste de cadre qu'on m'avait proposé dès la sortie d'école, au salaire que je ne toucherais pas, à ma compagne dont j'étais géographiquement séparé. Et j'étais face à ce gars qui ne savait pas quoi faire de moi.

L'affaire fut finalement conclue. Je fus « refourgué » selon les propres termes du lieutenant au « Bureau Gestion et Contrôle », qui était une sorte de bureau d'audit de la base. Le bureau était juste à l'étage.

Mon accompagnateur frappa à la porte. Une voix féminine répondit. L'aspirant se présenta, puis me laissa entrer à mon tour avant de prendre congé. J'entrai dans un grand bureau bien éclairé par trois larges fenêtres. Le mobilier était constitué d'une grosse armoire, d'une autre plus petite, de deux bureaux et d'une table informatique sur laquelle étaient installés un ordinateur et son imprimante.

Face à moi se tenaient quatre jeunes femmes militaires d'une trentaine d'années, ravissantes et souriantes qui prenaient le café. Je les saluai une à une. L'une d'elle dirigea les présentations :

- *Comme vous le constatez, ici, il n'y a que des femmes.*

Je pris l'air le plus détaché possible, malgré ma gêne visible :

- *Ben oui, je vois...*

Sur le plan matériel, je n'étais pas volé. J'étais seul dans un grand et beau bureau avec une vue imprenable sur la base. C'était inespéré. Par contre, sur le plan professionnel, j'étais déçu. Je pensais que l'armée allait m'utiliser pour développer des applications informatiques, ma véritable compétence. Au lieu de cela je me suis vite retrouvé à faire du secrétariat, ce qui n'avait strictement rien à voir. Devant mes fautes de dactylographie, on me disait sans cesse :

- *Mais vous faîtes des fautes de frappe ! Vous êtes bien certain que vous êtes informaticien ?*

Mon travail consistait aussi à faire le messager entre les bureaux. La mission démarrait toujours après un coup de téléphone. Une des filles du bureau répondait :

*- Oui bien sûr, on en a un exemplaire. Il vous le faut pour quand ? Bon, écoutez, je vous envoie **mon jeune** pour vous l'apporter.*

Le jeune c'était moi ! A chaque fois que j'entendais cette phrase, j'éclatais de rire du fond de mon bureau.

« Mon jeune » ! Elles n'étaient pourtant guère plus âgées que moi, et la plupart des sous-officiers de la base étaient même beaucoup plus jeunes. Nombre de ces sous-officiers n'avaient que le bac, alors que certains de leurs « jeunes » étaient titulaires de diplômes d'études supérieures. Et à chaque fois c'était la même rengaine :

- Coupez ! Arrêtez de râler bon sang ! Comment on doit vous appeler alors ? Bon en attendant, allez donc au bâtiment des moyens généraux remettre ce dossier. Ca vous calmera !

Mes prérogatives ne s'arrêtaient heureusement pas là. Le jour de la présentation au drapeau, le colonel n'avait pas parlé de « grandes responsabilités » pour rien.

On me confiait aussi de temps en temps quelques missions de confiance, telle que le nettoyage des vitres (avec du papier toilette), la préparation du café, ou les fameuses missions « Crunch » qui consistaient à aller au distributeur le plus proche acheter des barres chocolatées pour mes cadres.

Au niveau du logement, ma condition s'améliora. Pour plaire à mes ravissantes chefs, le responsable du logement des appelés me fit une fleur :

- Salut Coupez ! Bienvenue ! Bon, c'est pas le tout : t'es dans quel bâtiment ?
- T5 mon adjudant...
- Le T5 ?? Oh là ! Pas terrible ! Allez, tiens ! J'te mets au LC1, tu y seras mieux.

Le LC1 c'était le nec plus ultra de l'hébergement, le cinq étoiles de la base. Perchées au dernier étage d'un bâtiment, une trentaine de chambres abritaient une soixantaine de jeunes appelés, ce qui faisait en moyenne deux appelés par chambre. Elles n'étaient certes pas très belles. La tapisserie kitch pleine de grosses fleurs de toutes les couleurs rappelait les fastes désuets des années soixante-dix. Ca valait toujours mieux que la peinture grise écaillée des autres bâtiments.

Chaque chambre contenait deux lits, deux armoires en bois, un lavabo, une table et deux chaises. Les vitres étaient neuves, en PVC blanc. Par contre, les sanitaires collectifs n'étaient pas terribles : seuls trois cabinets de toilette étaient fonctionnels, un autre hors d'état de marche et le dernier avait la porte défoncée.

La chambre dans laquelle j'arrivai était déjà occupée par un pensionnaire prénommé Michaël. Ce jeune homme timide, presque perpétuellement apeuré et au visage infiniment triste me choqua tout de suite par son extrême maigreur. Je ne fus donc pas surpris d'apprendre deux semaines plus tard l'évacuation en urgence de ce sympathique compagnon à l'Hôpital militaire le plus proche. Il venait de faire un grave malaise qui faillit lui coûter la vie.

En fait, je le sus plus tard, sa maigreur était causée par une anorexie mentale apparemment déclenchée par les classes qui furent un peu trop rudes pour lui. Michaël était tout simplement en train de mourir de faim.

Après cet incident, je fus convoqué par le sergent responsable de mon bâtiment. Il m'expliqua toute l'histoire avant de m'accuser ouvertement de non-assistance à personne en danger. Selon lui, j'aurais dû détecter le mal-être de mon camarade de chambre et en informer les autorités. M'accuser si vertement fit naître en moi un profond sentiment d'injustice exacerbé par l'interdiction de me défendre. Toute réponse ou explication était sanctionnée par une menace de punition pour insolence. Je fus donc obligé de subir cette calomnie en silence, sans rien ajouter.

Pourtant, si j'avais pu m'expliquer, je lui aurais demandé qui pouvait le mieux se rendre compte de la lente aggravation de l'état de santé de mon camarade. Moi, qui avais croisé Michaël que quelques heures le soir pendant dix jours ouvrés, ou les cadres sous la responsabilité desquels il avait travaillé huit heures par jour pendant plusieurs mois d'affilée ?

Cet incident conforta l'idée que je me faisais du statut précaire de l'appelé du contingent au sein de l'armée française et du peu de cas que l'on faisait de nous.

Il me fallut quelques semaines pour me faire à l'atmosphère de la base et pour en connaître tous les dangers.

Par contre, il ne me fallut que quelques jours pour repérer la fameuse BX grise du colonel. Je compris rapidement que la prudence était de mise avec cette voiture. Lorsque par malchance on la croisait dans l'artère principale de la base, il fallait se mettre au garde-à-vous et saluer.

Quelquefois le colonel s'y trouvait et rendait de temps en temps le salut. D'autres fois, le chauffeur (un appelé) était seul et s'amusait d'être si bien salué. La toute première fois, je ne savais évidemment rien de cette coutume. Lorsque la voiture passa à ma hauteur, elle stoppa pour faire ensuite marche arrière. Le colonel me fit alors l'honneur de m'expliquer personnellement que je venais de commettre un crime répréhensible.

Les premières semaines furent assez oisives. Les jeunes femmes du bureau n'avaient aucun travail à me confier, étant donné que ma présence leur avait été imposée. Comme souvent dans les administrations, l'armée fonctionnait avec les appelés à l'inverse des entreprises privées : au lieu d'embaucher en fonction des besoins, elle inventait du travail en fonction des effectifs.

Entre deux bordereaux d'envoi et deux notes express, je restais souvent debout devant la grande vitre à attendre que le temps passe. De temps en temps, une de mes chefs entrait. Me trouvant inactif, elle me confiait une tâche, n'importe laquelle. Elle m'envoyait alors à l'autre bout de la base déposer un document qui, certainement, n'était d'aucune espèce d'utilité.

Un jour, pour tromper l'ennui, je me mis à écrire une longue lettre à mes parents. J'y racontai en détail quelques-unes des aventures que j'avais vécues pendant mes classes. Ma sœur lut cette lettre et me demanda d'en raconter plus. C'est donc pour répondre à son souhait que j'entrepris la rédaction de ce qui allait devenir « Certificat de bonne conduite ».

L'idée était excellente : elle m'occupa pendant quelques semaines à plein temps. Le projet était aussi très original : n'avait-on jamais vu un appelé du contingent raconter le service national dans ses moindres détails pendant ses heures de service, en utilisant du matériel militaire et dans un bureau situé juste au dessus de celui du Commandant de la base?

Je commençai rapidement à taper les premières lignes de ce qui allait devenir ce récit. Je restais toutefois prudent, conscient que ce projet n'emporterait jamais l'approbation de ma hiérarchie. Le jeu consistait donc à jongler avec le traitement de texte pour ne jamais être découvert. Lorsque je me faisais presque surprendre, la gêne était perceptible :

- *Ca va Coupez ?*
- *Oui oui Chef !*
- *Vous n'avez pas l'air bien ...*
- *Ben... Il fait juste un peu chaud...*
- *En cette saison, vous trouvez ? Ah bon...*

Très vite, mon activité devint suspecte. Un jour, les jeunes femmes débarquèrent tous ensembles dans mon bureau. Elles semblaient inquiètes.

- *Coupez, nous avons un problème avec vous. Nous ne vous donnons pas de travail, mais vous semblez débordé. Le peu que l'on vous donne n'est pas très marrant et on vous entend rire jusque dans le couloir. Vous pouvez nous expliquer ce que vous fabriquez ?*

J'hésitai à dévoiler mon projet. Finalement, je pris mes responsabilités et leur expliquai tout de A à Z. Et c'est ainsi que dans un grand éclat de rire je fus autorisé à continuer mon activité clandestine sous couvert du Secret Défense.

La vie quotidienne

Les semaines se suivaient et se ressemblaient.

Heureusement, je pouvais retourner à Lille tous les week-ends pour y retrouver ma compagne. Les cinq cents francs de mon maigre salaire mensuel (la fameuse solde) passaient intégralement dans les transports et ne suffisaient pas à couvrir tous les frais.

J'avais calculé que je faisais chaque semaine environ mille deux cent kilomètres de train, soit quatre mille huit cent kilomètres par mois, ce qui représente un total de quarante trois mille deux cents kilomètres sur mes dix mois de service militaire. A la fatigue des voyages s'ajoutait à chaque trajet cette conviction que tous ces efforts étaient malheureusement stériles.

Mon périple du retour à la base était le plus difficile. Je quittais à chaque fois péniblement ma compagne le dimanche vers les 21h00. Je prenais ensuite le bus, puis le métro de Lille en direction de la gare. Là attendait une foule massive composée majoritairement d'appelés du contingent qui regagnaient leurs garnisons.

Les trains - les prédécesseurs des fameux trains Corail - étaient d'anciens modèles de la SNCF sans aucun confort. Je prenais donc toujours un soin particulier au choix de la voiture. J'avais mes petites habitudes, mes petits trucs. Je scrutais d'abord l'intérieur de chaque wagon pour y repérer les appelés les plus agressifs ou les plus alcoolisés. J'avais déjà eu l'expérience de quelques voyages difficiles en compagnie de tarés qui avaient bu toute la nuit, ou qui s'étaient amusés à exhiber fièrement une arme ou un couteau.

Je faisais mon maximum pour ne pas être assis côté couloir. Je pouvais ainsi poser ma tête contre la cloison, et surtout j'étais moins importuné par les allées et venues des autres voyageurs. J'avais aussi un équipement très étudié : un gros blouson pour me tenir chaud, des bouchons anti-bruit, une écharpe que je mettais en bandeau sur les yeux pour atténuer l'éclairage du wagon, et pour finir l'indispensable oreiller gonflable pour maintenir la tête.

Le départ des trains de bidasses était un vrai spectacle. Il y avait toujours ici ou là quelques drames sentimentaux : une jeune fille en pleurs dans les bras de son petit ami, des baisers langoureux, des mains baladeuses. Quelquefois, c'était tout simplement une mère venue raccompagner le fiston. L'ambiance était aussi souvent malsaine : les jeunes filles laissées seules sur le quai au départ du train se faisaient copieusement insulter par quelques crétins déjà en état d'ébriété penchés aux fenêtres des voitures. Cela aussi faisait partie de l'univers du service national.

Mon voyage durait de 22h00 à 05h30 du matin. Ce train était un véritable tortillard. Chaque freinage déclenchait un tonnerre de crissements qui m'empêchait de dormir. Pourtant, autour de moi, des dizaines de gars vautrés sur les sièges en skaï ronflaient bruyamment.

Les trains que nous prenions étaient civils mais les voyageurs qui les empruntaient étaient constitués à quatre-vingt quinze pour cent d'appelés du contingent. La SNCF se gardait bien de préciser ce détail. Le voyage s'avérait particulièrement pénible pour les malheureux civils qui nous accompagnaient parfois. Il était surtout invivable pour les rares jeunes filles qui se trouvaient quelquefois parmi nous. Je me souviens d'un voyage au cours duquel une jeune fille était entrée dans la voiture où je me trouvais. Elle était terrorisée. Il faut dire que les trois-quarts des appelés présents dans le wagon lui hurlaient des horreurs.

Tous ces voyages me rendaient malade. Engoncé dans mon anorak, l'écharpe nouée sur les yeux et mon sac de sport aux pieds, j'avais l'impression d'être un clochard. Les contrôleurs de la SNCF n'avaient guère de respect pour nous et le comportement de mes congénères leur donnait bien raison. En pleine nuit, ils nous réveillaient sans ménagement pour contrôler nos titres de transport.

A 05h30, j'arrivais au terminal de la ligne. Il me fallait alors prendre un train régional qui ne partait qu'une heure plus tard. En attendant, je m'installais dans une des voitures vides et essayais de dormir encore un peu. A 06:30, le train quittait la grande gare. J'y retrouvais alors tous les militaires de ma base mais aussi beaucoup de civils qui partaient travailler, ainsi que des lycéens et des lycéennes.

Arrivés à destination à 7h00, les militaires du contingent descendaient bruyamment des voitures. C'était pitoyable. Certains hurlaient « Go ! Go ! Go ! » et sautaient des voitures en marche comme les parachutistes qu'ils n'étaient pas encore. Si leur objectif était d'impressionner les civils, c'était gagné ! J'entendais à chaque fois derrière moi les commentaires des voyageurs heureux de voir ces « débiles » quitter le train.

La dernière étape de ce voyage consistait à réussir à monter dans les bus militaires qui nous attendaient à la gare. C'était une autre épreuve ! A la bêtise des appelés qui se poussaient s'ajoutait celle du sous-officier qui s'amusait souvent à développer un zèle inapproprié au contrôle des badges. Selon son bon vouloir, le bus partait rapidement ou non. Selon le temps qu'il allait mettre à faire monter tout le monde, j'allais pouvoir prendre une douche avant d'aller au bureau…, ou non !

Car l'heure était l'heure. A 08h00, les chambres devaient être évacuées. C'est ainsi que toutes les semaines, après dix heures de voyage dans la nuit du dimanche au lundi, je regagnais mon bureau en courant, souvent sans avoir eu le temps de prendre une douche. Tout cela pour ne strictement rien faire de la semaine.

Ma semaine de travail commençait officiellement à mon arrivée au bureau vers 08:00. Le déjeuner était à 12h00, la reprise à 13:30. La journée se finissait tôt, vers 17:00. Aussi incroyable que cela puisse paraître, pour les appelés du contingent, c'était aussi l'heure du dîner. C'était évidemment trop tôt, mais les militaires de carrière qui travaillaient au mess « hommes du rang » ne souhaitaient certainement pas rester trop tard pour nous.

Je bénéficiais ensuite d'une liberté semi surveillée de 17:00 à 22:30, heure de l'extinction des feux. Le mot « liberté » n'est sûrement pas adapté puisqu'il n'y avait strictement rien à faire sur la base, ni autour. Pas de bibliothèque, pas de clubs. Juste une salle de sport pour les amateurs de musculation, un foyer avec une télé et la séance de cinéma une fois par semaine.

Autour de la base, rien à voir, rien à faire. Il n'y avait que la forêt avec les premiers petits villages à quelques kilomètres à la ronde. Je passais donc une bonne partie de mes soirées à marcher de long en large dans les rues de la base et à ressasser les mêmes pensées, habillé de cette fameuse tenue de sport militaire, la seule autorisée dans l'enceinte de la base en dehors de l'uniforme. Je ressemblais à un prisonnier tournant en rond dans une cour de promenade.

Tous les jeudis matin c'était jogging obligatoire. Dans les premiers temps, avec un camarade, nous faisions la moitié du parcours en courant et l'autre moitié en marchant. Nous pouvions ainsi discuter calmement et profiter du grand air. Jusqu'au jour où notre petit jeu fut découvert par deux colonels qui étaient arrivés derrière nous en criant :

- Les deux guignols devant, s'ils ne courent pas dans les deux secondes, je m'occupe personnellement d'eux !

Pour garder le moral, j'avais découpé la semaine en plusieurs étapes majeures. Le lundi ne comptait pas vraiment tellement le voyage de la veille m'avait fatigué ; avec l'accord de mes chefs, je dormais la plupart du temps assis face à mon ordinateur, les mains posées sur le clavier et la tête calée contre le mur. Le mardi était un bon jour, car c'était la veille du mercredi. Le mercredi, j'achetais mon billet SNCF de retour : ça sentait déjà bon la fin de semaine. Comme le jeudi était la veille du vendredi, j'avais le moral. Le vendredi, enfin, était un jour béni entre tous : le jour du retour à la maison. C'est ainsi que s'écoulèrent lentement et inutilement neuf mois de ma vie.

S'ajoutaient à l'ennui quotidien les risques liés au fait d'être tout en bas du système hiérarchique. Mes cadres m'avaient averti à mon arrivée. En aucun cas je ne devais me rendre coupable du pire crime qu'un appelé pouvait commettre envers un cadre : l'insolence.

Il était pourtant très tentant de succomber à l'envie de remettre un cadre à sa place car nombreux étaient ces sous-officiers aigris rendant la vie impossible à certains militaires du rang. Mais répondre à une insulte ou à des vexations suffisait pour être immédiatement hors la loi. La punition pouvait se traduire par quelques jours de prison, ou peine suprême, par la suppression de la permission du week-end.

Mon expérience et mes observations me permirent rapidement d'établir une règle quasi mathématique : plus le sous-officier était âgé et moins il était gradé, plus il était potentiellement frustré et donc dangereux pour les appelés du contingent sur lesquels il avait quelque pouvoir.

Certains postes au sein de la base étaient connus pour être des postes « à risques » placés sous la responsabilité de véritables névrosés. Les jeunes appelés malchanceux qui s'y trouvaient affectés étaient alors victimes de vexations et d'insultes quotidiennes. Les plus fragiles déprimaient tout le long de leur service national, les plus courageux choisissaient de déserter plutôt que de rester sous la coupe d'un de ces dictateurs. Si la justice de notre pays condamne aujourd'hui le harcèlement moral dans les entreprises privées, à l'époque du service militaire, elle se gardait bien de mettre le nez dans les affaires de l'armée.

Pour certains sous-officiers, l'exercice de l'autorité passait forcément par l'asservissement des appelés qu'ils avaient sous leur responsabilité. Ces hommes n'avaient aucune retenue à notre encontre. Ils connaissaient bien l'immunité que leur petit galon leur garantissait. Nous n'étions pour eux que de la basse main d'œuvre gratuite et corvéable à merci, sans aucun droit particulier. Nous n'avions qu'à obéir et nous taire.

Comparé à certains de mes camarades, j'étais un privilégié. Les officiers et sous-officiers dont je dépendais avaient des qualités professionnelles et humaines remarquables. En dehors du bureau, il m'arrivait cependant de croiser la route de quelques militaires de carrière beaucoup moins respectables. Je me souviens ainsi de quelques expériences malheureuses qui m'ont marqué. Plus que les insultes ou les vexations, c'était cette interdiction de répliquer qui me troublait profondément. La soumission n'a jamais été mon fort. Je possède plusieurs anecdotes navrantes sur le sujet.

Ce fut par exemple le cas de ce sergent-chef responsable de la laverie. Cet homme de quarante ans était le caïd dans son hangar. Les appelés qui dépendaient de lui craquaient les uns après les autres. Un jour, j'eus l'homme une altercation de toute beauté à propos de galons que l'on m'envoyait chercher. Ne les trouvant pas dans ses rayonnages, il était devenu comme fou. Après avoir enduré cinq minutes d'insultes proférées contre ma personne, je pris la décision de quitter les lieux non sans claquer bruyamment la porte. Mon attitude lui déplut au plus haut point et il voulut s'en plaindre auprès de ma hiérarchie. Motif de sa plainte : j'avais eu l'insolence de tourner les talons et de lui claquer la porte au nez. On croit rêver.

Je garde aussi un souvenir ému de l'adjudant du service des bus. C'était un névrosé que je n'ai jamais vu autrement que gueulant pour un oui ou pour un non. L'homme avait une petite barbichette et un visage anguleux. Son regard était glacial. Malheur à qui le croisait dans la rue sans le saluer militairement et respectueusement malgré son petit grade. J'en fis personnellement l'expérience. Je n'ai jamais compris quel était son problème mais la seule chose dont je suis sûr, c'est qu'il adorait venir encadrer les départs de bus. C'était le champion incontesté du contrôle des badges. Il y mettait un zèle vraiment impressionnant.

Une dernière anecdote, pas la moindre, me vient en mémoire. Pendant une inspection de chambre, on me demanda mon carnet de transport (carte SMA). Ce carnet contenait les bons de réduction SNCF. Il remplaçait aussi ma carte d'identité le temps du service national. Comme tous les documents officiels, j'en prenais toujours grand soin. Deux sous-officiers se tenaient devant moi. L'un d'eux examina la carte, tourna toutes les pages et vit que l'une d'entre elles était légèrement, très légèrement cornée. Sous mes yeux incrédules, les deux sous-officiers discutèrent entre eux très sérieusement pour savoir si, oui ou non, ce crime méritait châtiment.

Tous les seconds jeudis des mois impairs nous avions aussi droit à la très fameuse « revue de paquetage ». L'objectif était de contrôler que nous n'avions perdu aucun élément de notre équipement militaire. Pour cela, nous devions étaler sur nos lits nos pantalons, vestes, insignes, calots, casques, etc. Des sous-officiers passaient de chambre en chambre vérifier que nous n'avions rien perdu. Si c'était le cas, il pouvait nous en coûter fort cher. Le lendemain, je voyais les demandes de punition s'entasser sur le bureau de mes chefs. Le châtiment était souvent sans appel : la prison.

Garder tous les éléments du paquetage était une gageure. Les effets militaires faisaient l'objet d'un certain trafic. Il y avait l'attrait pour les pantalons « de combat » du dernier chic que certains appelés donnaient à leurs amis, ou vendaient. Ensuite, il leur fallait récupérer un pantalon de rechange pour ne pas se faire piéger à la revue de paquetage. Si le vôtre traînait sur le lit, il faisait l'affaire. De ce fait, les vols étaient fréquents et nombreux car encouragés par un système qui ne condamnait que l'appelé trop honnête pour faucher.

Je fus victime de ce trafic pendant les manœuvres de « la grande guerre » à la fin de mes classes. On m'y vola un pantalon. Mis devant le fait accompli, il avait fallu que je trouve un moyen pour échapper à la sanction. Pendant les premières revues, un de mes camarades qui venait d'être inspecté courrait à travers les bâtiments pour me refiler discrètement son vêtement. Je le plaçais religieusement sur mon lit, à côté du mien. Ce gars faisait bien quarante kilos de plus que moi et son pantalon était gigantesque. Je priais pour que le cadre ne s'amuse pas à vérifier les tailles.

Pour compléter mon paquetage, l'autre solution qui s'offrait à moi était le vol. Le vol d'effets militaires ne gênait personne : c'était un moyen comme un autre de se débrouiller. C'est certainement dans ce but que l'un de mes compagnons de chambre tenta à plusieurs reprises d'ouvrir mon armoire, pourtant verrouillée par un cadenas à codes. Je mettais tous les matins un code bidon que je retenais, et je constatais tous les soirs qu'il avait été changé. En mon absence, cet imbécile essayait toutes les combinaisons.

Dans ce système, tous les voleurs s'en sortaient et seuls les appelés trop honnêtes se faisaient punir. Un jour cependant, il fallut bien trouver une solution définitive à la perte de ce fameux pantalon. Malgré les encouragements à la fauche de mes compagnons de chambrée, je ne pouvais me résoudre à tomber si bas. Je décidai donc d'en parler à mes chefs. L'une d'elles sortit alors de son armoire un de ses vieux pantalons et me le donna.

C'est ainsi qu'après avoir présenté aux revues un pantalon dix fois trop large pour moi, j'en présentai un dix fois trop petit, taille trente-six !

Notre base aérienne servait aussi de centre d'instruction. De temps à autre, il arrivait que les appelés « basés » dont je faisais partie (ceux affectés à la base après leurs classes) arrivent par le même train que les toutes jeunes recrues. Ces nouveaux étaient facilement reconnaissables. Ils avaient des cheveux longs et touffus, étaient tristes et ne parlaient pas. Ils semblaient profondément inquiets de ce qui les attendait. Ils ne savaient pas encore à quel point ils avaient raison.

Dès leur arrivée, ils étaient pris en main par « Big Moustache », un officier du centre d'instruction qui avait un don pour s'adresser aux nouvelles recrues. Après quelques explications sur le calvaire qu'ils allaient vivre, « Big Moustache » s'adressait toujours aux porteurs de boucles d'oreilles en ces termes :

- Alors, pour ceux qui ont des boucles d'oreilles, c'est simple : soit vous êtes des pédés, soit vous êtes des pirates. Et comme j'ai pas vu de bateau à l'entrée...

Les cadres du centre d'instruction que je supportais le moins étaient les jeunes caporaux, qui quelques semaines auparavant, étaient eux aussi des appelés fraîchement incorporés.

Devenir « caporal », c'était passer du camp des victimes à celui plus confortable des bourreaux. Soudainement promus à un poste d'encadrement, ils développaient alors une énergie inégalée pour l'asservissement. Le lavage de cerveau opéré par l'encadrement militaire achevait de les convaincre de leur supériorité. Ces jeunes jouissaient alors pendant tout leur service d'un pouvoir de nuisance sur autrui qu'ils n'auraient jamais eu dans la vie civile.

Ces jeunes gens hargneux me faisaient penser aux milices françaises de la seconde guerre. Le mécanisme d'enrôlement semblait identique puisqu'il consistait à prendre parmi le contingent quelques jeunes en recherche d'une promotion personnelle. Les cadres n'avaient alors aucune difficulté à les convaincre que la pression qu'ils devaient mettre sur les appelés était bonne et nécessaire. Ensuite, se faire obéir et se faire craindre était une drogue à laquelle ils prenaient vite goût.

La situation aurait pu prêter à sourire. Chacun de ces hommes jouait son rôle à fond et tentait de se distinguer en créant son propre style. Ils avaient donc chacun leur façon de marcher ou de crier. Pendant les marches au pas cadencé par exemple, il était rare d'entendre le « une, deux, une, deux » réglementaire. Des onomatopées originales telles que « outch, tsss, outch, tsss » d'un ridicule consommé les remplaçaient fréquemment.

Certains avaient trouvé et mémorisé des répliques très « intellectuelles » qu'ils réservaient avec délectation dès que l'occasion se présentait. Prenons le cas d'une jeune recrue qui s'adresserait à un sergent en l'appelant « mon sergent » au lieu de « sergent » tout simplement. La réponse fusait alors, implacable :

- Je ne suis pas VOTRE sergent ! Mon cul ne vous appartient pas !

Sa remarque était d'autant plus idiote qu'il fallait par contre dire « mon lieutenant » alors que le cul de ce dernier ne nous appartenait pas plus que celui du précédent.

Un soir, je rencontrai une victime et son bourreau devant l'une des cinq cabines téléphoniques de la base. Reconnaissable à son crâne rasé et à son regard de chien battu, une nouvelle recrue attendait pour téléphoner. Il était accompagné d'un caporal.

Après son coup de fil, et tandis que le caporal téléphonait à son tour, le jeune appelé s'approcha de moi et me parla à voix basse. Il avait l'air complètement stressé, à la limite de la crise de nerfs :

- Vous savez, je ne vais pas rester ici longtemps, hein...

Surpris d'être vouvoyé, je mis tout de suite les choses au point. Je lui montrai le chevron rouge sur mes épaulettes et lui dis :

- Tu sais, je ne suis qu'aviateur première classe, ce n'est pas un grade. Tu peux me tutoyer, c'est pas un problème.

La remarque n'eut aucun impact. Il reprit :

- Je ne vais pas rester ici, hein... Je peux pas de toute façon !

Et plus il me parlait, plus il s'approchait de moi. Je répondis vaguement :

- C'est bien c'est bien

… tout en m'éloignant doucement de ce pauvre gars qui commençait à devenir inquiétant. Celui-ci reprit alors de plus belle, en s'approchant toujours plus :

- De toute façon, j'ai piqué une crise de nerfs hier, alors, ils vont me réformer, parce que je peux pas rester ici, hein...

Cette rencontre en était une parmi d'autres. Tout le monde reconnaît cette seule qualité au service national, celle de brasser les populations. Pendant le service militaire se côtoyaient des jeunes de toutes les catégories sociales.

Je ne sais toujours pas si c'était une bonne chose. Pour ceux qui avaient eu jusque là un parcours personnel sans histoire, c'était la découverte de gars moins chanceux qui se débattaient dans la vie comme de beaux diables. Les diplômés mesuraient mieux leur chance, mais au contraire, les plus démunis prenaient conscience de leur handicap.

Mais ce que les Français dans le civil retiendront du service national, ce sont les appelés eux-mêmes. Les souvenirs ne sont pas toujours bons. Les habitants des villes de garnison et les jeunes filles qui les ont croisés s'en souviennent certainement encore.

Pour la majorité des appelés, le service national était une contrainte. Mais pour beaucoup d'autres, c'était aussi une fierté, une preuve de virilité qui autorisait tous les excès.

Les groupes de jeunes militaires faisaient peur. Souvent regroupés en bandes comme de jeunes loups en meutes, ils remplissaient les trains au grand dam des civils apeurés. Leur courage ne tenait qu'à leur nombre. Les appelés du contingent étaient connus pour leurs nombreuses incivilités. Pour ces raisons, les contrôleurs de la SNCF avaient une haine légitime envers les appelés. Les bidasses sans billets leur posaient un réel problème de sécurité.

Le comportement de certains jeunes appelés n'améliorait pas notre image. Je fus témoin un jour d'une discussion entre deux contrôleurs alors que le train freinait. La plupart des bidasses étaient déjà debout cinq kilomètres avant l'arrivée. A peine le train ralentissait-il que les premiers sautaient en marche. Les autres poussaient derrière comme des fous en beuglant « Go ! Go ! Sortez les doigts de votre cul ! ». J'assistai à ce triste spectacle en même temps que les deux contrôleurs juste devant moi. L'un dit alors à son collègue :

- *Ils veulent qu'on les respecte, mais regarde ça comme ils sont cons !*

En gare, le spectacle offert par les appelés à l'arrivée du train était plus que navrant. A peine arrivés, les trains étaient pris d'assaut. Les jeunes militaires tentaient de monter en marche. Les voyageurs qui voulaient descendre des voitures se retrouvaient bloqués par une foule incontrôlable qui s'engouffrait à l'intérieur en quelques secondes.

D'autres s'essayaient à des démonstrations stériles de leur courage absurde. Je vis un jour un jeune appelé rester au bord du quai, le buste penché au dessus des voies. Il regardait la locomotive arriver sur lui à vive allure. Le conducteur déclencha plusieurs fois son klaxon mais le jeune ne bougeait pas. Au dernier moment, il évita la locomotive de justesse au risque de se faire happer par l'appel d'air. A ce moment précis il se tourna vers moi, et je pus lire sur son visage une profonde fierté.

Les incidents étaient nombreux. Certains jeunes appelés attendaient l'arrivée du train les bras chargés de bouteilles d'alcool. C'était leur stock pour les cinq heures de voyage. Je vis un jour de jeunes appelés complètement ivres s'en prendre à une dame âgée qui fut copieusement insultée. Toute tremblante, cette dernière préféra changer de voiture sous les quolibets de la petite équipe.

Un autre jour, c'est une jeune fille qui fut la cible d'un petit groupe. Il s'en était fallu de peu qu'elle ne se fasse agresser. Heureusement pour elle, les jeunes étaient divisés. Certains voulaient commettre l'irréparable, tandis que d'autres, plus sobres, appelaient au calme. Au final, les deux groupes se sont battus avant d'aller cuver dans un coin du wagon.

Le service militaire eut certainement un impact négatif sur quelques petits jeunes de dix-huit ans. Pour certains, ce fut la découverte de la boisson, du tabac ou de la drogue car pendant le service mieux valait faire comme tout le monde. D'autres encore furent victimes de harcèlements de la part des autres appelés. Je connais le cas d'un jeune gars qui était devenu le souffre-douleur de toute sa chambrée. Pourtant alertées, l'autorité militaire ne s'en est jamais préoccupée. Si l'expérience en a endurci quelques uns, elle en a détruit d'autres.

Mais le service a aussi été l'occasion de découvrir des gens formidables. Tous les anciens appelés gardent le souvenir d'un copain de régiment dont ils ont le plus souvent perdu la trace à la libération. J'en garde quelques-uns dans un coin de ma mémoire.

Je pense par exemple à ce personnage hors du commun. Cet appelé était un solide gars qui travaillait aux services généraux. Il n'avait pas son pareil pour casser des cloisons à la massue. Il avait cette particularité incroyable qui était d'hésiter entre la vie de père de famille nombreuse et celle de moine cloîtré. La journée, il travaillait avec un chapelet dans la poche, et la nuit, il installait sur la table près de son lit un petit autel portatif à la gloire de la vierge Marie.

Ses compagnons de chambrée étaient au début un peu moqueurs, mais devant la force de sa foi ils le choisirent vite comme confesseur. Je devins son ami sincère le jour où il interpella une brute qui tabassait un petit jeune. Il se mit devant lui et lui dit :

- *Si tu veux taper sur quelqu'un, tape sur moi.*

Devant sa carrure, l'imbécile prit peur et partit sans demander son reste.

Pendant le service militaire, les appelés du contingent étaient répartis en trois groupes distincts. Il y avait les bleus (encore appelés « bleubs » ou « bitos ») ces nouveaux venus arrivés depuis moins de deux mois, les « libérables », à qui il ne restait que deux mois avant la libération. Et enfin tous les autres.

Etre « bleu » n'était pas une position enviable. Bien souvent, les plus anciens s'estimaient légitimement en droit de faire subir aux nouveaux les sévices ou vexations dont ils avaient été eux-mêmes victimes à leur arrivée. Cette pratique s'appelait « la chasse aux bleubs ».

Un jour, un « libérable » nous raconta le bizutage d'un nouveau. Lui et ses acolytes lui avaient fait subir une « bite au cirage » en règle. Certains se laissaient faire, mais beaucoup vivaient cela comme une agression.

Choqué par les rires de ce jeune appelé qui racontait avec beaucoup de plaisir comment sa victime s'était débattue, je lui demandai :

- *Mais dis, ça ne t'inquiète pas ?*
- *Hein, quoi ?*
- *Je veux dire... Moi par exemple, ça me dégoûterait de la toucher, ta bite. Ça ne t'inquiète pas d'être tellement intéressé par celle des autres ?*

Au bout de six mois de service, l'armée offrait aux hommes du rang une généreuse promotion. De simple « homme du rang de seconde classe », nous devenions « homme du rang de première classe ». Sur les épaulettes s'ajoutait une barrette rouge, et la solde était augmentée de vingt pour cent, ce qui ne représentait que cent francs (15 €) sur une solde initiale de cinq cents francs (80 €).

La barrette rouge avait pour nous plus d'importance que l'argent. Elle montrait notre ascension dans l'échelle de l'ancienneté. Nous n'étions plus « bleus », pas encore libérables mais en voie de l'être.

Les « libérables », tout le monde les respectait. On les reconnaissait facilement à leur joie évidente et leur fierté. Souvent, dans les bâtiments, les gares ou les trains, on les entendait crier « Libéraaaable » ! La nuit, ils s'infiltraient dans les chambres et dévastaient tout avant d'en sortir en poussant leur cri de guerre. Les dernières semaines avant chaque libération étaient difficiles pour les non libérables, et très pénibles pour les bleus. Les expéditions étaient de plus en plus nombreuses et la joie grandissante des futurs libérés contrastait avec le désespoir des nouveaux arrivés.

Les tous derniers jours précédant la libération il était de bon ton pour un libérable de dire à un bleu, de préférence en postillonnant abondamment : « Zéro dans ta face de sale bitos ». Le service national n'était finalement qu'une succession de libérations qui nous rapprochaient davantage de la nôtre.

Un ami me disait très justement que le service militaire n'était pas fait pour les appelés trop âgés. L'âge rendait souvent imperméable au processus d'incorporation. Les années d'études supérieures accentuaient encore ce phénomène de rejet. Le système éducatif orienté vers la liberté de pensée préparait mal les étudiants à en être ensuite privés.

Après plusieurs années d'université, les étudiants étaient plongés du jour au lendemain dans un monde aux valeurs totalement antagonistes. Après des années à l'autonomie, on nous imposait subitement une obéissance totale et aveugle. Après des années à nous forger un esprit critique, on nous demandait de ne plus réfléchir. Après des années passées à construire une situation professionnelle stable, on nous privait de tout travail. Après toutes ces années à se forger péniblement une confiance en soi, on nous rabaissait plus bas que terre.

La misérable solde n'arrangeait rien : cinq cent francs (80 €), c'était à peine le quart du RMI. Ce n'était pas suffisant pour payer le train du retour chaque semaine.

- Personne ne t'oblige à rentrer chaque semaine, m'avait pourtant répondu un jour un sergent, complètements abruti.

Parlons des congés. Sur dix mois de service, nous avions le droit de poser quatorze jours de congés seulement. Nous n'avions pas la possibilité de démissionner, ni de changer de poste. Aucun moyen de critiquer, de se syndiquer ni de revendiquer. Les droits du travail ne s'appliquaient pas à nous. L'abandon de poste, c'était la désertion, et la désertion se payait par de la prison. Tous les jours, l'armée (ou du moins ses plus mauvais éléments) nous prouvait ce que nous savions déjà : nous n'étions ni des citoyens ni des militaires, mais simplement de la main d'œuvre gratuite.

Ce statut hybride pouvait aussi nous exposer à des peines disciplinaires qui n'avaient aucun équivalent dans le civil. Jusqu'à preuve du contraire, aucun employeur français n'a le pouvoir et le droit de mettre en prison un de ses employés pour insolence envers un cadre. Pourtant, l'armée avait ce droit.

Chaque caserne disposait de sa propre prison dont le commandant de la base et ses subalternes étaient seuls maîtres. Ils jugeaient les crimes et infligeaient les punitions. Pas d'avocats, pas de défense. De ce fait, il n'y avait rien de plus facile que de se retrouver condamné à quelques jours de prison. J'ai pu moi-même en faire l'expérience.

J'étais alors affecté à la surveillance de mon bâtiment. Pendant sept jours sans interruption, j'étais resté assis sur une chaise pour donner aux autres appelés les clés des chambres et les feuilles de papier toilette.

Le dernier soir, je fus relevé par mon chef. A 22h30, j'étais donc au lit après une autre journée d'ennui profond. Mon service était fini. Je repartais chez moi le lendemain pour une permission de trois jours. Durant la nuit, il se produisit un événement dont je n'eus connaissance que plusieurs jours après. A la suite d'une virée en ville, deux appelés du contingent étaient revenus complètement ivres et les deux compères sombrèrent bien vite dans un coma éthylique sévère qui faillit leur coûter la vie.

L'incident passa presque inaperçu. Pour ma part, je n'avais eu aucun moyen de m'apercevoir du problème puisque tout cela s'était passé à l'autre bout du bâtiment, et qui plus est, à un autre étage. Par chance, mon homologue dans ce bâtiment se trouvait être leur voisin de chambre. Il fut alerté par les vomissements des deux poivrots avant qu'ils ne sombrent dans le coma, et alerta immédiatement l'infirmerie. Le lendemain, ayant fini mon service, je quittai la base de bon matin pour partir en permission sans avoir eu vent de l'incident de la nuit.

En rentrant de permission une semaine plus tard, je découvris sur mon bureau une feuille de punition, sans aucune autre explication : quinze jours de prison avec sursis. Il a fallu que je fasse plusieurs démarches pour en connaître le motif. Je sus par la même occasion que tous ceux qui, comme moi, avaient été de service cette semaine là avaient reçu la même sanction.

Y compris, comble de la bêtise, l'appelé à l'oreille fine qui avait donné l'alerte et sauvé la vie de ces deux lascars !

Déménagement

- Demain tu gicles !

C'est en ces termes qu'un petit caporal sans envergure m'annonça mon changement de chambre. Je quittai donc avec regret mon élégant bâtiment LC1 pour le bâtiment T5. Je quittai surtout ma douillette chambre particulière pour un dortoir de six lits.

C'en était bien fini de ma tranquillité. Après l'évacuation à l'hôpital de mon malheureux colocataire, j'avais vécu un mois en solitaire. Le retour à la réalité fut rude.

Tous les dortoirs se ressemblaient dans la laideur. Les murs étaient peints d'une couleur crème et le sol pavé de petits carreaux horribles qui piégeaient la poussière. Les lits à ressorts étaient aussi peu confortables que ceux que j'avais connus jusque-là. Les armoires métalliques ressemblaient à celles que nous avions eues pendant les classes.

Mon entrée dans cette nouvelle chambre fut mémorable : je portais mon sac à l'épaule, un journal d'informatique sous le bras et mes petites lunettes rondes sur le nez. La caricature du parfait intello. Je me suis présenté très courtoisement à mes nouveaux colocataires avant de m'installer. Tout en rangeant mes affaires dans mon armoire, j'écoutai discrètement la discussion de mes deux voisins de lit.

- Ma parole ! Tu piques une caisse, et tu te paies deux heures d'extase, tranquille, cool. Quand t'as plus d'essence, t'en tires une autre. Ah l'enculé ! Qu'est ce qu'on s'marre comme ça !

- Ouais et nous c'est l'éclate complète ! L'aut'jour on a piqué une bagnole et après on l'a arrangée à not'manière. Ma parole t'aurais vu la gueule de la tire après ! On avait arraché tout l'tableau de bord et tout ça ! Super !

Puis la conversation changea de sujet :

- Putain ! Un coup, y'a un pédé qui m'a branché. Il m'a montré sa queue ! T'aurais vu ce que je lui ai mis dans la gueule ! Et quand il était par terre, j'en ai profité pour lui piquer ses thunes ! Ma parole, tous les Pédés y sont bourrés de thune, j'te jure !

Ce bâtiment était un véritable microcosme, une vitrine vivante de la société. Tous les genres, toutes les classes sociales et toutes les cultures y étaient représentés. On y trouvait des analphabètes qui sympathisaient avec des ingénieurs, ou des délinquants qui côtoyaient des fils de bonne famille.

Dans ma chambre par exemple, il y avait ces deux gars qui sortaient de l'ordinaire. Le premier avait la particularité de donner des coups de tête à son armoire dès son réveil. Un matin, j'osai lui en demander la raison. Il me répondit que c'était pour améliorer son « coup de boule ».

Le second ne se lavait jamais. Quand il entrait dans la chambre, une odeur pestilentielle le précédait de plusieurs mètres. Manque de chance, son lit était voisin du mien. N'en pouvant plus et malgré son penchant connu pour la violence gratuite, je lui demandai le plus sympathiquement du monde d'aller prendre une douche. Prétextant que l'odeur venait de ses chaussettes, je les fis tremper dans le lavabo. Prétextant que l'odeur venait de ses chaussures, j'y mis du déodorant. Et comme il m'affirmait ne pas avoir de savon, je lui donnai le mien. Finalement, il partit prendre une douche à la grande satisfaction de toute la chambrée.

Cette promiscuité n'était évidemment pas facile à vivre. Entre la musique de l'un et le besoin de silence de l'autre, les conflits étaient fréquents. Le manque d'intimité était aussi très gênant. Pendant la nuit, des bruits suspects trahissaient parfois quelques plaisirs solitaires.

Chaque lundi, un nouvel officier dit « de semaine » était nommé. Ce dernier avait la responsabilité globale de tous les bâtiments hébergeant des appelés du contingent. Et chaque bâtiment avait son propre responsable en la personne d'un sous-officier encore appelé « sergent de semaine ».

Les sergents de semaine avaient comme tâche quotidienne de nous lever le matin, distribuer le courrier, donner les clés des chambres et veiller à la propreté des locaux. Toutes les semaines, ils désignaient dans chaque dortoir un « chef de chambre ». Ce dernier répondait de la propreté des lieux au nom de ses camarades.

Le sergent de semaine détenait aussi un fabuleux trésor : le papier toilette. Pour en obtenir quelques précieuses feuilles (cette denrée était rationnée), nous devions passer au bureau du « sergent de semaine ». Toute ma vie, je me souviendrai certainement de ces échanges uniques :

- Oui, vous voulez ?
- Bonjour Sergent. Je voudrais du papier toilette s'il vous plaît.
- Du papier ? Et pour quoi faire ?

Selon la semaine, nous pouvions tomber sur des sous-officiers sympathiques ou sur de parfaits imbéciles. La manière de nous réveiller donnait immédiatement le ton. Les plus sobres se contentaient d'allumer les lumières des chambres tandis que les plus crétins se sentaient obligés de donner des coups de pieds sur les lits en hurlant comme des fous.

J'eus avec les officiers et sous-officiers « de semaine » des relations plus ou moins tendues. Alors que j'étais « chef de chambre », le sergent débarqua un matin quelques minutes avant notre départ au boulot. Je finissais de m'habiller mais mes autres colocataires étaient encore endormis. Le sergent piqua sa crise :

- Ok ! Le chef de chambre est planté ! Qui est le chef de chambre ?
- C'est moi, lui répondis-je en finissant d'ajuster ma cravate.

Il me regarda, visiblement gêné.

- Désolé mon vieux, mais je dois vous planter.

Je fus sanctionné séance tenante. En punition, je dus laver les sanitaires. Ce n'était pas bien grave car tous les appelés connaissaient la recette. Nous avions tous compris qu'il n'était pas nécessaire que ce soit propre. Il fallait simplement que ça brille ! Il suffisait donc de passer un coup de serpillière humide ici et là, puis d'aller chercher en vitesse le sergent de semaine. Il était important qu'il contrôle avant que le sol ne sèche.

Si ce stratagème fonctionnait avec les hommes, c'était une toute autre affaire avec les femmes qui ne se laissaient pas berner si facilement, surtout sur ce sujet !

Un autre jour, l'officier de semaine en personne fit une inspection, ce qui était assez rare. J'étais allongé sur mon lit, le walkman sur les oreilles. J'avais bien entendu un petit bruit mais n'y avais pas prêté attention.

Ce bruit, c'était mon camarade de chambre qui me hurlait « fixe, fixe, fixe ». A ces mots, j'aurais dû me mettre aussitôt au garde-à-vous, mais comme je ne réagissais pas, il paniquait.

Finalement, je tournai la tête et vis à l'entrée de la chambre un gros capitaine tout fier, accompagné du sergent de semaine. Je me mis au garde-à-vous avec une lassitude très visible. Cette déférence me semblait être une humiliation supplémentaire. Sans un mot, le sergent de semaine inspecta la chambre, ainsi que le placard à balais.

Le capitaine, quant à lui, restait planté devant nous, impassible. Le verdict du sergent tomba comme un couperet :

- Ca pue !

Le capitaine reprit l'information à son compte :

- Vous avez entendu ? Ca pue ! Votre armoire à balais pue! Vous me ferez donc le plaisir de nettoyer tout cela ! Compris?

Le problème, c'est que nous venions juste de nous installer dans cette nouvelle chambre, il le savait bien. Si la serpillière sentait mauvais, ça ne datait pas d'hier. Elle était complètement moisie et il nous était impossible de nous en procurer une autre. Je lui expliquai tout cela avec la plus grande courtoisie, mais sa réponse fut sans surprise :

- Vos excuses vaseuses ne m'intéressent pas. Je veux que ça soit nettoyé, un point c'est tout !

Le gros capitaine fièrement campé sur ses deux jambons comme un petit Mussolini nous toisa d'un air suffisant et nous demanda :

- A part cela, quelque chose à signaler ?

Un camarade prit la parole tandis que je restai muet, anéanti par tant de bêtise.

- Oui mon capitaine, nous n'avons pas de rideaux aux fenêtres. Et comme la fenêtre est très proche du lampadaire...

Le Capitaine leva les bras au ciel :

- Mais vous êtes jeunes! C'est pas la lumière qui doit vous gêner !

Et quand on lui parla du trou dans la toiture qui, à chaque grosse pluie, inondait le sol et l'un de nos lits, il nous répondit :

- Super ! Vous avez même la douche dans la chambre !

Nous aurions pu aussi lui parler des sanitaires, mais c'eut été peine perdue. Dommage, il y aurait eu à dire. Notre bâtiment disposait de plusieurs blocs sanitaires dans des états plus ou moins similaires. Aller aux toilettes ou prendre une douche nécessitait une forte motivation et une bonne connaissance des lieux. A l'usure des installations s'ajoutaient la dégradation systématique et volontaire des hommes du rang, le manque d'hygiène de certains et surtout l'absence de véritable nettoyage.

Pour aller aux toilettes, comme je l'ai déjà évoqué précédemment, une étape obligatoire était la visite au bureau du « sergent de semaine » pour obtenir quelques feuilles de papier toilette. Venait ensuite le difficile choix de la cabine. Certaines portes étaient défoncées ou certaines cuvettes bouchées par des boîtes de soda, des trognons de pommes et j'en passe. Ailleurs, la chasse d'eau venait d'être cassée pour la énième fois et la manette trônait au fond de la cuvette.

Lorsqu'il n'y avait pas de problèmes techniques, c'était l'hygiène qui laissait à désirer. Les jeunes appelés n'avaient pas encore tous appris à tirer la chasse d'eau. Ils laissaient aux suivants quelques trophées, parfaits témoignages de leur bonne santé. Même les cloisons des cabines soulevaient le cœur. En les regardant de plus près, on comprenait que certains avaient dû manquer de papier et que d'autres avaient profité de cette rare intimité pour s'offrir un petit plaisir solitaire. Autrement dit, la vie grouillait sur les murs.

Les douches étaient à l'image des toilettes. Je mettais énormément de temps à choisir ma cabine. J'essayais toujours de trouver le meilleur compromis entre la propreté du bac et l'état technique car régulièrement, les cabines étaient dégradées. C'était encore et toujours l'œuvre de quelques appelés dont le QI devait être proche de celui d'une huître. Là il manquait le robinet d'eau chaude, là le robinet d'eau froide. De toute façon, passé 19h00 la question ne se posait plus puisqu'il n'y avait plus d'eau chaude pour les appelés du contingent.

L'armée, ici, était coupable mais non responsable. Coupable d'enfermer des jeunes contre leur gré, non responsable des dégradations qui étaient le seul fait des « locataires ». De temps en temps, quelques appelés se réunissaient pour se plaindre de l'état des locaux, et particulièrement des sanitaires. J'étais révolté de voir parmi eux quelques-uns des excités que j'avais surpris plusieurs fois en train de briser des installations. En discutant avec eux, je m'étais rendu compte qu'ils n'étaient même pas conscients de leur responsabilité. Ils cassaient mais continuaient à accuser les autorités de ne pas faire immédiatement réparer. Rien ne semblait les choquer !

Le mess des hommes du rang (la cantine) est également un sujet intéressant. Ce qui me choquait le plus dans ce grand bâtiment, c'était cette affichette collée à l'entrée et que je lisais tous les jours en faisant la queue :

- *Pour nourrir un homme du rang, le SRH (Service Hostellerie Restauration), touche 26,50 F (4 €) par jour et par personne pour le petit déjeuner, le déjeuner et le dîner.*

Le message sous-entendu était :

- *Ce que tu vas manger ne sera pas bon mais ce n'est pas notre faute !*

Avouons-le, ce n'était guère encourageant. Le budget se retrouvait dans les menus. Il n'y avait que peu de choix dans les plats, et il était courant de retrouver en entrée froide le plat chaud de la veille : choux en vinaigrette, poulet froid mayonnaise, pommes de terre en salade.

Le fonctionnement du self était strict. Il fallait au plus vite choisir une entrée, un plat, un dessert et un fromage. Un sous-officier faisait avancer la file en râlant tandis que derrière, les appelés la faisaient avancer en poussant. C'était ensuite le moment du contrôle. Un sous-officier hautement qualifié avait pour rude tâche de vérifier que l'appelé n'avait pas pris un dessert de trop. Le chef des cuisines lui-même intervenait de temps en temps en hurlant soit sur nous, soit sur son équipe. L'ambiance était conviviale.

Il fallait ensuite choisir une place dans la grande salle à manger. De longues tables sans aucun style y étaient alignées. Il fallait bien sûr choisir la plus propre et la mieux fréquentée.

Très souvent, l'ambiance du mess me faisait penser à celle du réfectoire de ma vieille école primaire. Il m'arrivait quelque fois d'assister à des scènes irréalistes. Quelques bidasses s'envoyaient parfois à la tête du pain ou du yaourt, d'autres faisaient des concours de rots et de pets, ce qui déclenchait à coup sûr une hilarité générale.

J'avais un avantage sur les autres appelés car je connaissais les résultats des analyses bactériologiques des plats que nous mangions. Les rapports traînaient souvent sur les bureaux de mes chefs et je me payais le luxe de les consulter lorsque j'étais seul au bureau. Je savais très exactement quand ces documents arrivaient au bureau. Lorsque mes chefs en prenaient connaissance, je les entendais soupirer « mon dieu …».

Les documents faisaient état d'une liste d'agents biologiques trouvés dans la nourriture, avec les concentrations et les risques sanitaires associés. Une annexe au document expliquaient les origines possibles de chacun de ces agents : fécales, nasales, urinaires. Je regrette aujourd'hui de ne pas en avoir fait une copie !

J'évitais ainsi soigneusement certains plats à base de mayonnaise et souriais sadiquement à voir d'autres s'en régaler.

Sanitaire, restauration… Pour faire un tour complet du propriétaire, il manque les distractions. Un officier, à qui je reprochais l'absence presque totale de loisirs sur la base me répondit :

- *Mais pourtant, vous avez le foyer !*

C'est vrai, nous avions le foyer.

Le foyer, c'était le terminus des paumés de la base qui ne savaient pas quoi faire de 17h00 à 20h00. Le foyer, c'était surtout le point de rencontre des fumeurs et des brûleurs de billets de banque. Car, le saviez-vous, le foyer n'était pas gratuit ! C'était plutôt un gouffre financier pour le pauvre militaire désœuvré. On aurait pu penser qu'en nous versant un salaire inférieur au RMI, l'armée allait faire un effort pour nos loisirs. Quelle innocence !

Certes, la salle était remplie de jeux électroniques, billards, flippers et autres baby-foot. Mais sur la façade de chacune de ces machines, une fente rappelait qu'ici comme ailleurs, on n'avait rien pour rien. Une partie de baby foot ? Cinq Francs (0,8€). Une partie de jeu vidéo ? Cinq

Francs (0,8€). Une partie de flipper ? Ah ! C'était plus cher, dix francs (1,5€). L'armée se chargeait de récupérer sou après sou le peu d'argent qu'elle nous donnait chaque mois.

Mais ce n'est pas tout. Dans le foyer, un petit magasin proposait aussi à des prix intéressants des articles de haute qualité ; jeux de cartes porno, poignard d'attaque, carte de crédits porte-capotes, insignes militaires, tee-shirts, drapeau américain grandeur nature avec un aigle au milieu.

Il y avait aussi une petite « cafète » et un point « presse » où l'on pouvait acheter quelques magazines consacrés aux sports, aux voitures ou au porno. Et si vous n'étiez pas content, de toute façon, à 20h00 le foyer fermait.

Pour se divertir, il restait alors le « ciné-base ». Tous les mercredis et jeudis soirs de chaque semaine, la base aérienne offrait aux appelés une séance cinématographique gratuite. La salle de cinéma se trouvait en dehors de l'enceinte de la base aérienne. C'était une vraie salle de projection, avec ses rangées de sièges pliables alignés les uns derrière les autres et son grand écran.

Evidemment, l'armée de l'air n'avait ni l'ambition ni les moyens de proposer à ses appelés des œuvres cinématographiques de qualité en format cinémascope. Des cassettes vidéo étaient donc louées et projetées sur grand écran grâce à un vidéo projecteur. Quelques appelés affectés dans les bureaux préparaient une pré sélection de films pour tout le mois.

Hélas, aux termes d'un contrat aux clauses étranges, la société de location se réservait le droit de changer un titre par un autre selon ses disponibilités et son humeur. Ainsi sur les quatre films du mois, dans le meilleur des cas, un seul correspondait à notre sélection. Les trois autres étaient issus d'une "sélection spéciale" de la société. Pour cette raison, les séances de cinéma ressemblaient plus souvent à une gigantesque soupe qui sentait bon le navet.

Le spectacle que donnaient les hommes du rang pendant la projection compensait la nullité des films. L'apparent calme qui régnait pendant certaines séances ne tenait qu'à peu de choses. Lorsque la scène du film se révélait plutôt chaude sur le plan sexuel, plusieurs dizaines de jeunes gars se mettaient à hurler comme des loups. Et si par malheur un des spectateurs choisissait ce moment là pour quitter la salle, tous les autres lui indiquaient la direction des toilettes en riant grassement.

Un soir, il faillit y avoir une belle bagarre. Pendant la projection, deux jeunes filles s'étaient glissées discrètement dans le fond de la salle. Elles habitaient dans les maisons des alentours ; certainement des filles de militaires de carrière. Elles avaient eu connaissance de la projection du film de leur idole et avaient choisi de venir le voir. Leur présence était jusque là passée inaperçue, mais malheureusement, au cours d'une scène d'action, l'une d'elles laissa échapper un petit cri.

A cet instant une cinquantaine de paires d'yeux se tournèrent vers elles. La situation a vite dégénéré. Pour impressionner les donzelles, certains jeunes appelés étaient prêts à tout. Ce fut d'abord des remarques graveleuses. Rapidement, certains commencèrent à se taper dessus pour s'amuser et surtout pour montrer leur force. Le calme revint quand les jeunes mâles s'aperçurent que les demoiselles avaient préféré évacuer les lieux.

La vie sur base était un observatoire passionnant sur le comportement humain. Un jour, une information sensationnelle fit le tour de toute la base en quelques heures. Une stagiaire en comptabilité venait d'être recrutée. En quelques jours, cette jeune femme bouleversa les hormones d'un nombre considérable d'appelés, à tel point que l'anecdote mérite d'être racontée.

C'est vrai, du haut de ses dix neuf ans, la jeune demoiselle avait de quoi ameuter les foules. Elle avait de longs cheveux bruns et un physique très agréable qu'elle mettait en valeur tous les jours par des jupes courtes et moulantes. Elle devait certainement se sentir comme une friandise dans une cour d'école. Apparemment, ça lui plaisait.

Cette demoiselle était une énigme pour beaucoup de mes compagnons. Normalement, les filles qui croisaient le chemin des jeunes appelés détalaient en courant. Les regards insistants des jeunes appelés perpétuellement en chasse ne faisaient pas bonne impression. Avec celle-ci, c'était tout le contraire. On la voyait régulièrement se balader un peu partout, jetant ici et là des regards qui mettaient le feu dans les cœurs et les pantalons.

Pour une raison que j'ignore, elle s'était un jour payé le luxe d'entrer dans le mess des hommes du rang en plein repas. Le spectacle était irréel. La donzelle avait traversé toute la salle à manger avec une démarche chaloupée sous les cris d'une centaine de gars. Arrivée à la porte, avant de sortir, elle s'était retournée en faisant voler ses cheveux, comme dans les pubs pour les shampoings. Elle arbora un superbe sourire avant de sortir. Dans le mess, c'était la révolution.

Pour prendre son café le midi, elle avait le choix entre le foyer des hommes du rang ou le bar plus fréquentable des sous-officiers. Elle préférait bien sûr notre compagnie. Le spectacle de ses visites valait le déplacement. Elle arrivait comme une diva, majestueuse. Aussitôt un essaim d'appelés du contingent s'agglutinait autour d'elle, comme des mouches sur du miel.

Les mâles dominants étaient les plus proches de la jeune femelle, tandis que les autres ne pouvaient guère mieux espérer que de mater. Pendant le temps de sa visite, elle restait assise à sourire de toutes ses belles dents en bougeant de temps en temps ses cheveux, croisant et décroisant régulièrement ses jambes sous les regards admiratifs de ses fans.

Mais la belle demoiselle avait aussi de l'humour. L'un de ses courtisans ne savait plus quoi inventer pour l'amuser. Il repéra vite parmi les admirateurs de la jeune fille un gars un peu bizarre et mal foutu qui regardait les cuisses de la jeune demoiselle comme un affamé regarderait une belle entrecôte. La jeune stagiaire et son prétendant décidèrent de s'amuser un peu.

Pendant plusieurs jours, elle décocha des regards torrides au pauvre affamé qui commençait à se dire que son heure était venue. Pour confirmer cette impression, le jeune amuseur alla voir le pauvre bougre pour lui expliquer qu'il avait un sacré ticket, le veinard.

- *Pourquoi ne l'inviterais tu pas à venir à la piscine avec toi ?*
- *Tu crois ?*
- *Sûr ! Elle est folle de toi, elle me l'a dit !*

Alors un jour, notre pauvre gars qui était aussi bête que brave s'arma de tout son courage pour s'approcher de la jeune fille. Elle arbora jusqu'au dernier moment un superbe sourire, jusqu'à ce qu'il ose lui poser cette question de trop :

- *Dis, tu ne voudrais pas venir à la piscine avec moi ?*

Le sourire d'ange arboré par la princesse s'évanouit en quelques secondes avec les espoirs du pauvre rêveur :

- *Avec ta tronche ? Tu rêves !*

Le pauvre gars repartit la tête basse et le visage rougi de honte sous les rires et quolibets d'une vingtaine de gars tous plus bêtes les uns que les autres. Lorsqu'il passa devant moi, je l'entendis faire cette réflexion qui restera dans les annales :

- *De toute façon, elle est moche !*

Les bases militaires sont pleines de ces toutes petites histoires qui, ajoutées les unes aux autres feraient un excellent roman. Mes collègues et moi ne vivions pourtant pas d'aventures exaltantes sur notre lieu de travail. Nous y coulions le plus souvent une vie tranquille et sans surprise.

Pour cette raison, la nouvelle qui tomba ce vendredi fit un bruit retentissant. Depuis quelques temps, des vols d'argent étaient constatés au sein même de notre bâtiment, le PC base. Le dernier vol en date était celui qui fit révéler l'affaire. Quatre cent francs en liquide venaient d'être dérobés dans un sac à main.

La gendarmerie de la base fut convoquée pour élucider ce crime. Les gendarmes commencèrent leur enquête par classer le personnel du bâtiment en deux groupes ; les suspects et les innocents. Comme tous les engagés militaires étaient forcément innocents, il restait donc tous ces sacrés voyous d'appelés du contingent. L'enquête fut musclée et rapide.

Le jour même, un de nos collègues qui partait en permission fut sorti du bus manu militari par les gendarmes. Il fut emmené sous bonne escorte au commissariat de la base. Il fut questionné par trois gendarmes, déshabillé, fouillé jusque dans le slip. Ils fouillèrent aussi son linge sale, son lit, son armoire, sans résultat. Ils furent obligés de le relâcher.

Tous les appelés étaient suspectés. Chaque jour, un militaire du rang partait à la gendarmerie pour un interrogatoire digne d'un mauvais polar. Les gars revenaient vidés, les yeux rougis par le stress. Après l'interrogatoire, ils devaient répondre à nos questions :

- *Alors, qu'est ce qu'ils t'ont dit ?*
- *Ils sont dingues ! Ils voulaient que j'avoue !*

Tous les appelés de mon bâtiment ont été interrogés sans exception, tous sauf un : moi ! Tous les jours, j'attendais la convocation mais isolé dans mon bureau à l'étage, ils m'avaient certainement oublié. Et quoi que vous en pensiez, le coupable ne fut jamais démasqué !

Evaluation

Un matin, un officier confirma cette rumeur qui courait depuis des semaines. L'« EVAL » allait bien avoir lieu du sept au neuf juin 1994.

« **EVAL** » comme « **EVAL**uation tactique ». C'était un exercice militaire dont l'objectif était de mesurer les capacités opérationnelles militaires sur tout le territoire français. Ca allait surtout être une source d'ennuis supplémentaires pour les appelés du contingent, pris en étau entre la pression des cadres et le manque total d'intérêt.

Les préparatifs de l'exercice devaient durer quelques jours. Mes chefs faisaient partie de l'équipe chargée d'évaluer les personnels. Elles finissaient d'élaborer la liste des incidents qui allaient être déclenchés au cours de l'exercice, préparaient les dossiers « temps de guerre » de suivi de situation, révisaient les procédures d'urgence. Plus on approchait de la date fatidique, plus l'effervescence montait. Vint finalement le jour fatal. Nous étions le six au soir.

Le lendemain vers 4h30 du matin, une sirène stridente retentit dans tous les bâtiments. Très motivé, le sergent de semaine de notre bâtiment débarqua ventre à terre dans toutes les chambres pour nous tirer du lit en gueulant comme un fou. Certains avaient dormi en treillis militaire, trop heureux de repartir au combat.

Equipé des pieds à la tête je rejoignis en courant mon bureau, transformé pour l'occasion en « poste de combat ». De nouveau au calme, je pus sans difficulté terminer à même la moquette cette nuit qui avait été si violemment écourtée.

Ce n'est que trois heures après l'alerte (sic) que les bus des sous-officiers entrèrent dans la base. Il était déjà 7h30. Tous les appelés du contingent étaient dégoûtés : pourquoi nous avoir levé à 04h30 du matin, si les cadres n'arrivaient seulement que trente minutes plus tôt que d'habitude ? Nous comprenions alors que les appelés du contingent allaient encore être en première ligne pendant tout l'exercice.

Cette matinée fut mortelle. Conformément aux consignes officielles, je l'ai passée au bureau dans la pénombre, volets fermés et lumières éteintes pour « ne pas servir de cible aux tireurs d'élite ».

Coup de théâtre en fin de matinée. Un appel sono informa toute la base qu'un pseudo attentat avait détruit le « mess homme du rang ». Nous ne perdions normalement pas au change puisque les appelés du contingent devaient désormais prendre leur repas au mess des sous-officiers.

Nous avons regretté par la suite cette invitation exceptionnelle dans l'antre des cadres. Le repas au mess des sous-officiers nous a fait toucher du doigt notre différence de traitement. La qualité qui nous faisait tant défaut dans notre mess était miraculeusement au rendez vous ce jour-là. Nous n'étions pas très à l'aise, un peu comme les enfants des petites classes en visite chez les grands du collège. Les sous-officiers voyaient d'un mauvais œil cette intrusion dans leur cocon feutré de ces « cochons appelés ». Ils nous jetaient des regards lourds qui en disaient longs sur leurs sentiments à notre égard.

Dans l'après-midi un autre appel sono annonça que tout le personnel devait "desserrer", c'est-à-dire se replier sur un autre site. La raison était (je cite) d'éviter un carnage en cas d'attaque nucléaire de la base vie. Ce n'est que vers 18h00, soit avec 3 heures de retard, que fut donné l'ordre de se rendre aux bus. Les militaires embarquèrent dans une ambiance bon enfant, au milieu des rires et des plaisanteries.

Le voyage ne fut pas long. Notre destination était une ancienne caserne qui était jadis un ancien centre d'instruction. Ce n'est qu'à quelques dizaines de mètres de l'entrée principale qu'apparut la silhouette massive de l'ancien bâtiment. Le bus ralentit avant de pénétrer dans l'enceinte. Les lourdes portes métalliques se refermèrent sur notre passage.

Un service d'ordre contrôlait l'accès. Quelques militaires montèrent dans le bus, contrôlèrent avec beaucoup de zèle nos laissez-passer. Quand ce fut fait, l'autorisation de descendre du véhicule fut donnée. Nous allions enfin découvrir l'univers dans lequel nous allions vivre pendant quelques jours.

Je fus tout de suite saisi par la taille imposante du bâtiment, et par son architecture datant des années 20. Il était planté au milieu d'un grand parc, entouré de plusieurs bâtiments annexes. L'ensemble était assez mal entretenu, voir même abandonné. Au milieu du parc, en face de la façade principale se trouvait un mât porte-drapeaux en piteux état mais toujours fonctionnel.

Je découvris l'intérieur du bâtiment accompagné d'un camarade, Jean Christophe. Nous étions partis à la recherche de nos chambres respectives. Toutes les pièces avaient déjà été affectées par avance à chaque unité. La première chambre dans laquelle nous sommes entrés était une pièce au plafond très haut, au plancher fraîchement bétonné, aux multiples vitres cassées. Sur les murs, il y avait de nombreux dessins dont les thèmes principaux étaient la haine de l'armée, et le sexe. Les seuls meubles étaient des lits de camp rustiques. Une quinzaine de lits étaient alignés.

Evidemment, même une organisation rigoureuse ne tient pas le coup devant l'exigence humaine. Certaines unités estimaient que leur chambre ne leur convenait et en changeaient sans prévenir. Au sein même des unités, certains engagés et appelés se regroupaient par préférence, abandonnant pour les quelques jours d'exercice leurs unités respectives. En un mot, c'était le foutoir.

Les chefs d'unité couraient à droite et à gauche pour retrouver untel, qui avait préféré aller dans la chambre d'une autre unité pour ne pas quitter Bidule. D'autres piquaient sans hésitation des lits au hasard des chambres. Certaines chambres avaient été soit envahies, soit complètement vidées. Nos propres lits ayant été réquisitionnés par des militaires de carrière qui souhaitaient rester entre copains, nous avons du nous contenter de la « salle de garde ».

L'après-midi fut consacrée à la visite extérieure du site. Des graffitis sur les murs témoignaient du passage des appelés. Des mots doux illustraient les états d'esprits de ces écrivains en herbe qui s'étaient ici exprimés. « Enculés », « Machin c'est qu'un pédé », « Bitos » étaient les expressions que nous retrouvions le plus.

Au fil de la visite, nous sommes ensuite tombés sur les sanitaires. C'était une pièce sombre, dans l'entre sol, ouverte à tous vents. Une myriade de robinets distillait de l'eau, froide bien sûr. Au dessus de ces lavabos de fortune, une superbe affiche « Eau non potable » rappelait s'il le fallait que la plomberie avait l'âge de l'édifice.

Les toilettes étaient elles aussi d'époque. Une petite cahute à l'écart du bâtiment central renfermait ce que l'on appelle communément le « lieu d'aisance ». De ce lieu, je ne me rappelle aujourd'hui que d'une forte odeur d'urine qu'un chaud après-midi de printemps rendait écœurante.

Pendant quelques heures, nous nous sommes contentés de marcher autour du bâtiment central d'un pas assez alerte. L'objectif était de donner l'illusion d'être actifs pour éviter d'être importunés par quelques cadres à l'affût d'un mauvais coup. De temps à autre, nous devions retourner dans le bâtiment vérifier que les lits pliants que nous avions réservés n'avaient pas disparu.

Ce n'est qu'à la nuit tombante que les sacs de couchage furent distribués à la lumière des phares d'un poids lourd diesel, moteur allumé. Nous étions collés les uns aux autres devant le véhicule tandis que le vent nous rabattait généreusement tous les gaz d'échappement.

Une fois dotés de l'équipement, mon camarade et moi même avons enfin pu regagner notre chambre et nous y installer. Eclairés par un système électrique bricolé, nous avons installé notre sac de couchage sur nos lits pliants. Autour de nous, nos autres compagnons de chambre – des sous officiers - faisaient de même. Nous étions les deux seuls appelés.

Vers 23h00 un major déboula dans la pièce. Ce petit homme d'une cinquantaine d'années se dirigea directement sur Jean Christophe et moi, la pipe au bec.

- Bon Coupez, j'ai besoin de vous....
- Oui, bonjour major...
- Hein ? Ah oui, bonjour ! Alors, voyons... (il tourna les pages d'un fascicule), il faudrait que vous fassiez un tour de garde, vous et votre collègue là, vous voulez bien ?

On se voyait mal dire non :

- *Oh ! Bien sûr major !*
- *Bon... Alors...*

Il chercha du doigt pendant quelques secondes sur son planning. Je voyais son majeur descendre vers des horaires de plus en plus tardifs. Il stoppa, prit son crayon et dit :

- *De 2 à 5 heures du matin, ça vous va quand même ?*

Je repris mon plus beau sourire :

- *Sans problème major !*

Le major quitta la pièce. Mon camarade et moi avons eu à ce moment un échange de regard très révélateur. Les appelés étaient encore en première ligne ! Comme pour confirmer, les sous-officiers de notre chambre ont tenu à bien préciser les choses :

- *Eh les deux là ! Quand vous vous lèverez cette nuit, si j'entends un seul bruit, si vous me réveillez, dommage pour vous ! C'est clair ?*

Je me résolus à dormir tout habillé. Mes autres effets militaires étaient consciencieusement disposés de part et d'autre de mon lit de camp, de façon à éviter tout cafouillage.

Pour éviter d'être victime d'un vol, j'avais mis au fond de mon sac de couchage le masque à gaz qu'on nous avait distribué la veille. Enfin, je me glissai au fond de mon « sac à viande » pour une nuit qui s'annonçait courte. J'estime m'être endormi vers 1 h du matin environ. A peine une heure plus tard, les gardes que nous devions relever allaient venir nous réveiller.

Le réveil fut horrible. Une main me secoua l'épaule. J'entendis une voix : « *Eh ! C'est l'heure !* ». C'était Dominique, l'un des deux gardes que nous devions relever. Je me souviens avoir ouvert les yeux et m'être demandé ce que je foutais là, dans cette pièce sinistre. Les ronflements des autres résonnaient dans ma pauvre tête. Dominique nous éclaira de sa lampe torche pendant que nous rassemblions nos affaires le plus discrètement possible. Je ne me sentais vraiment pas bien. Il faisait très froid à cette heure de la nuit, mais paradoxalement, j'étais en sueur.

Dans le couloir, Dominique me passa les consignes et partit se coucher. On se dirigea vers la porte d'entrée de la base, à l'extérieur du bâtiment. Puis, plus rien ; le silence. Un silence inquiétant, troublé par les seuls bruits de la nature, du vent dans les arbres, du bruit de l'eau d'un ruisseau qui coulait à quelques mètres de nous. Et le noir. Un noir impénétrable, que nos yeux encore habitués à la lumière du couloir ne parvenaient pas à percer.

Je fus le premier à briser le silence :

- *Ben mon vieux, on a l'air malin !*
- *Tu l'as dit ! Sais-tu s'ils simulent des attaques ?*
- *Non....*
- *Y'a plus qu'à attendre !*

Nous sommes restés silencieux quelques minutes. Bientôt je me hasardai à poser une question tout bête :

- *Et si on est attaqués ?*
- *Quoi, attaqués ?*
- *Ben oui. Et s'ils simulaient une attaque pour vérifier que le bâtiment est bien gardé ?*
- *Ben oui, et alors ?*

J'étais surpris par son calme :

- *Ben, qu'est ce qu'on doit faire ?*
- *Ah tiens, c'est vrai !*
- *On n'a aucune consigne ! Et quand bien même, nous n'avons rien pour donner l'alerte ! Pas d'armes, pas de téléphone, pas de radio et on est à cinquante mètres du bâtiment. On ne va quand même pas gueuler "Alerte ! Alerte !". Avec le bruit du groupe électrogène, on n'est pas prêts d'en réveiller un seul !*

JC réfléchit et me répondit, résigné :

- *Allez ! Pas de panique, tout se passera bien.*

Ce fut la nuit la plus longue de ma vie. Nous avons passé trois heures à nous demander si des gars n'allaient pas nous tomber sur la tête d'une seconde à l'autre. Pour passer le temps, nous avons abordé tous les thèmes de discussion possibles et imaginables. Les vacances, les études, les voitures, les films, les livres, tout y est passé.

De temps à autre, l'un de nous deux se taisait et fixait son regard sur un point de l'horizon. L'autre s'inquiétait alors de la raison de ce brusque regain d'attention :

- J'ai cru voir une ombre !
- Où ça ?

Il désigna l'endroit du doigt.

- Non, j'vois rien !
- Bon. J'ai dû rêver.

Et des ombres, on a bien cru en voir des dizaines. Toute une compagnie à nous en croire ! L'obscurité aidant, il était facile de reconnaître dans l'ombre d'un platane celle d'un combattant armé.

A d'autres moments, c'était un bruit que nous croyions percevoir. Un craquement de branches, un cri d'animal trop naturel pour être vrai, le bruit des feuilles agitées par le vent. Nous restions alors muets et immobiles : seules nos têtes tournaient comme des radars pour tenter de localiser l'origine de ce bruit. L'un d'entre nous avait alors pour mission d'aller explorer l'endroit pour s'assurer de l'absence de tout danger.

A force de papoter, de surveiller et de s'inquiéter, la lueur du petit jour finit par poindre à l'horizon. Je m'approchai du portail rouillé, et vis le verrou qui bloquait son ouverture. Je dis à mon camarade :

- C'est vraiment crétin leur système : on surveille une porte dont on n'a même pas la clé !

Puis plus rien. Le vide complet dans ma tête. Immobile, le visage blanc, puis bleu, puis vert, je revis en songe une clé traverser mon champ de vision. Mais je n'arrivais pas à situer cette scène, ni dans l'espace, ni dans le temps. Puis, par déduction, je réussis à mettre une date et un lieu. Dominique m'avait donné une clé cette nuit, et cette clé, ça devait être...

- La clé, criais-je tout à coup !

Alors que je commençai à palper nerveusement toutes mes poches une à une, Jean-Christophe me demanda :

- *Quelle clé ?*

Je repris, agacé :

- *La clé que m'a donnée Dominique cette nuit ! C'était celle du portail d'entrée !*
- *T'es sûr qu'il t'a donné une clé ?*
- *Mais oui ! C'était même un trousseau ! Mais j'étais tellement dans le gaz que je ne sais pas où je l'ai fourrée.*

Une à une, je retournai toutes mes poches : rien ! Ma température montait. Perdre un trousseau de clés, et la clé du portail principal en plus, c'était une belle boulette ! Mes efforts restant infructueux, je décidai de me déshabiller vêtement par vêtement, jusqu'à ce que je tombe sur cette fichue clé. Je commençai donc par retirer mon ceinturon que je jetai nerveusement sur le sol, puis la parka après l'avoir fouillée dans ses moindres recoins, ainsi que l'étui du masque à gaz. Ma veste fut elle aussi passée au peigne fin, et enfin le pantalon, toujours sans succès. J'adressai un regard désespéré à Jean-Christophe :

- *Eh ben là, on est marrons !*

J'étais en train de contempler mes effets militaires jetés à mes pieds lorsque je sentis quelque chose de dur dans l'une des petites poches du haut du pantalon, ces poches que d'ordinaire je n'utilisais jamais. J'y trouvai le trousseau de clés, à mon grand soulagement. J'étais à peine rhabillé qu'un véhicule se présenta au portail pour sortir. Je sortis les maudites clés et ouvris les portes. Ils allaient chercher le pain pour le petit déjeuner. A deux minutes près, mon compte était bon.

Jean-Christophe fut obligé de réveiller lui-même le major qui avait oublié de prévoir la relève. Cela nous obligea à faire une heure supplémentaire. Il nous rejoignit vers six heures du matin en compagnie de deux appelés fraîchement réveillés. Le major donna le fameux trousseau à la relève en insistant :

- *Ce trousseau, ne le perdez surtout pas ! Il y a les clés de tout le bâtiment dessus ! Je vous fais confiance.*

Allongés sur nos lits de camp, Jean-Christophe et moi tentions de récupérer. Cette nuit blanche nous avait épuisés. D'autres appelés avaient rejoint notre chambre et discutaient sur un coin de leur lit. Tout à coup, je sentis quelque chose heurter mon pied. Je levai légèrement la tête et vis celle d'un sergent-chef qui me dévisageait bizarrement. En une seconde, un ouragan s'abattit sur nous.

- *DEHORS !*

Les sous-officiers, qui étaient eux aussi allongés, le fixèrent d'un air surpris. Voyant ses collègues froncer des sourcils, l'homme compléta son ordre en précisant poliment à qui il s'adressait :

- *Pour les hommes du rang seulement... DEHORS !*

Nous sommes tous restés interloqués devant cet hystérique. Nous étions tellement surpris que personne ne bougea. Voyant cela, il en vint aux menaces :

- *DEHORS, J'AI DIT ! JE VOUS L'AI DEJA DEMANDE IL Y A UN QUART D'HEURE, NE ME CHERCHEZ PAS TROP ! DEHORS OU VOUS LE REGRETTEREZ !*

Tous les appelés se regardèrent, très surpris :

- *Mais de quoi il parle, celui-là ?*
- *J'sais pas !*

Ce gars faisait réellement peur. Je m'attendais à ce qu'un sous-officier plus gradé, ou mieux, qu'un officier intervienne pour le calmer, mais le miracle n'eut pas lieu.

- *VOUS M'SUIVEZ ! DANS LA SALLE DU FOND ! ET GROUILLEZ-VOUS, NOM DE DIEU !*

Tous les appelés présents dans la chambre furent obligés de le suivre. Arrivés dans la salle du fond, il nous regarda d'un drôle d'air et hurla :

- *DESHABILLEZ-VOUS!!!*

Nous nous demandions toujours ce qu'il nous voulait. Nous n'y comprenions rien. Aucun des vingt hommes du rang ne bougea. Il reformula son ordre en hurlant de plus belle :

- *NOM DE DIEU : DESHABILLEZ-VOUS !*

Il fallut obéir. Ce n'est qu'une fois en caleçon qu'il nous expliqua, toujours hurlant, que nous avions « la chance » (je cite, c'est véridique) d'être désignés pour faire l'exercice « NBC » (Nucléaire, Bactériologique et Chimique). Nous allions donc revêtir des tenues « T3P » (étanches et hyper imperméables) et faire quelques exercices avant de nous faire « déshabiller » et « décontaminer ».

Une fois habillés et équipés du masque à gaz, on nous emmena vers un bus. A notre passage, nos camarades hilares s'étaient mis au garde-à-vous et sifflaient la sonnerie aux morts. La température extérieure en cet après-midi du mois de juin était déjà relativement élevée. Celle sous la tenue et le masque l'était encore plus.

Pour cette raison, le trajet fut quelque peu éprouvant. Je commençais à avoir quelques problèmes de respiration à travers mon filtre et la buée rendait opaques les carreaux du masque.

Notre passage dans quelques petits villages sema le trouble. Quelques-uns de mes camarades tapaient sur les carreaux pour attirer l'attention des passants. En nous voyant tous équipés de nos tenues et de nos masques, ils prenaient peur.

Notre bus stoppa en bas d'un petit chemin fort pentu qu'il nous fallut grimper à pieds. Tout en haut, un gros tas de branchages. Personne à l'horizon. Quelques minutes plus tard, le colonel en second de la base fit son apparition, accompagné de quelques membres de l'équipe chargés d'évaluer l'exercice.

- Lequel d'entre vous est le sous-officier, demanda-t-il.

Personne ne répondit et pour cause. Le sous-officier hystérique qui nous avait si peu professionnellement préparés nous avait balancés dans le car sans nous accompagner ni nous expliquer ce qu'on attendait de nous. Et bien évidemment, il s'était bien gardé de revêtir lui aussi la tenue T3P. C'eut été un déshonneur de faire l'exercice comme un vulgaire appelé du contingent.

- Alors, où est-il ?

L'un d'entre nous prit la parole :

- Mon colonel, nous sommes tous des appelés. Il n'y a pas de sous-officiers parmi nous.

- Comment ça ? Il y a bien un sous-officier qui vous a équipés, non ?
- Oui, mais il est resté à la caserne.
- Ah oui ? Et comment s'appelle-t-il, ce sous-officier ?

Il y eut alors un brouhaha fabuleux. Nous nous sommes tous avancés d'un seul homme pour divulguer son nom.

- Eh ! Oh ! Pas tous à la fois.

Il regarda droit dans les carreaux celui qui avait pris la parole:

- Vous !
- Sergent chef G., mon Colonel

Il nota le nom sur un carnet, l'air très en colère. Nous gardions l'espoir que justice soit faite. On nous expliqua finalement la raison de notre présence, et celle de tous ces branchages. Il s'agissait d'un exercice de déblaiement en zone contaminée. Notre travail consistait à charrier les branches dans une benne. L'objectif pédagogique était de nous montrer la difficulté d'un travail physique dans cette tenue. Hélas, sur plusieurs centaines d'appelés sur la base, nous n'étions qu'une quinzaine à en bénéficier ! L'exercice dura quelques dizaines de minutes, avant de reprendre le bus pour nous rendre sur l'aire de « déshabillage ».

Plusieurs tentes avaient été plantées sur le terrain de sport, face à la base. Ces tentes étaient équipées du matériel nécessaire pour déshabiller les personnels contaminés. L'ambiance était bon enfant, mais il était évident que c'eut été différent dans des conditions réelles. Une seule goutte d'une arme chimique de combat est suffisante pour tuer un soldat. On imagine donc l'importance d'une bonne formation, et on pouvait sérieusement déplorer qu'un tel exercice ait été confié à un sous-officier si peu professionnel.

Notre bus s'arrêta face aux tribunes du stade. En attendant que les tentes soient prêtes, on nous donna l'autorisation de nous y installer, de retirer masques et cagoules ainsi que de dégrafer la tenue étanche. Un adjudant se mit alors à notre disposition pour nous expliquer sereinement ce que l'on attendait de nous. Il répondit patiemment à toutes les questions techniques que nous avions sur le sujet.

Elles étaient nombreuses, et montraient bien notre intérêt pour cet aspect méconnu et terrifiant de la guerre. Son calme, ses connaissances, ses explications intéressantes et son professionnalisme contrastaient avec la bêtise navrante de son collègue.

Quand tout fut enfin prêt, on nous demanda de nous rhabiller. Puis, un par un, chacun d'entre nous passa sous la tente. Là, des sous-officiers vêtus eux aussi d'une combinaison T3P coupaient les lacets des brodequins, les retiraient avec beaucoup de précautions avant de procéder au retrait des autres effets : tenues, masques, etc. Montre en main, un appelé entrait tous les quarts d'heure. Nous étions vingt à passer.

Entre-temps, le sous-officier hystérique du début de notre aventure était venu nous rejoindre. Il avait garé son bus de l'autre côté du stade. Il attendait tristement au volant de son véhicule, digérant certainement avec beaucoup de difficulté les remontrances que le colonel avait certainement dû lui adresser.

Les premiers d'entre nous venaient juste de se faire déshabiller. Ils attendaient à l'extérieur, en slip et en chaussettes. Nos vêtements étaient restés dans le bus. Pour nous permettre de nous rhabiller, un sous-officier mit ses mains en porte-voix et demanda au sergent-chef d'approcher le bus. Ce dernier, vautré sur son volant, répondit à son collègue en hurlant :

- Ils n'ont qu'à traverser le stade !

C'en était trop. Nous étions tous fous de rage. La buée envahissait les carreaux de nos masques. Nous étions à la limite de la mutinerie. Tous les appelés hurlaient et menaçaient d'arrêter l'exercice. Il fallut toute la diplomatie de l'adjudant, puis toute son autorité pour qu'enfin cet imbécile se décide à approcher son véhicule.

Cet épisode, s'il est comique à la lecture, n'en reste pas moins grave sur le fond. Ce sergent-chef qui fit preuve de tant de bêtise faisait partie de cette minorité de militaires qui a méticuleusement sapé la confiance de l'appelé dans son armée, et donc celle du futur citoyen.

Malheureusement, aujourd'hui, la plupart des anciens appelés garde des militaires l'image de cette minorité, oubliant les vrais professionnels qui travaillent à la défense du pays.

La quille

La fin des exercices marqua mon entrée dans la caste très fermée des «libérables».

Cette fois, il me restait à peine deux mois à tirer. La quille était proche ! Mes camarades s'étonnaient que je ne profite pas de mon statut de dignitaire libérable pour hurler le cri de guerre partout dans les bâtiments (libérable !). Je n'en avais pas besoin. Mon visage de plus en plus souriant valait bien tous les cris du monde.

Les dernières semaines furent plutôt calmes. C'était le début de l'été. Le soleil accompagnait mes dernières journées militaires.

Je les ai vécues avec une émotion intense. Ceux qui n'ont pas connu le service auront peut-être quelques difficultés à mesurer ma joie. J'avais tout simplement l'impression que j'allais bientôt renaître. Je me délectais à l'avance de tout ce que j'allais pouvoir faire ensuite : ne plus saluer aveuglément untel ou untel, pouvoir exercer ma profession, pouvoir marcher dans la rue avec les mains dans les poches, pouvoir décider de mon sort, choisir mes activités, vivre chez moi avec ma compagne, vivre libre, vivre enfin.

Le dernier retour sur base avait été difficile. Ce fameux dimanche 25 septembre à 22h00, en gare de Lille dans cet horrible train de nuit, je me demandais franchement ce que je faisais là. Je venais en effet de vivre une semaine complète dans le monde civil, à aller à gauche à droite : travailler sur un système informatique d'une PME, régler quelques problèmes administratifs pour préparer mon retour dans la vraie vie. Bref j'avais vécu comme un citoyen ordinaire, et non comme un appelé du contingent. Me retrouver une nouvelle fois dans cet horrible train m'avait cassé le moral.

C'est au moment de composter que je pris réellement conscience de la fin de mon service militaire. J'avais ouvert cette fameuse carte SMA (Service Militaire Actif) sur le coupon du mois de septembre. Je vis alors que c'était le dernier coupon valide.

A coté de l'appareil trois appelés hilares gueulaient à tue tête "Trois ! Trois !". Il ne leur restait que trois jours à tirer, tout comme moi. L'un d'eux s'approcha de moi. Comme je ne criais pas comme eux, ils pensaient que j'étais une jeune recrue. Il me lança :

- Eh mec ! Trois ! Trois dans ta sale face de bitos !

Mon retour sur base fut tout aussi éprouvant que mon départ de Lille. Retourner dans cette chambre commune me dégoûtait. Seule la pensée de l'ultime retour arrivait à me redonner le moral. Pour combler le tout, le sergent de semaine me chercha quelques poux, relayé bientôt par l'adjudant. Ils me reprochaient de ne sortir de la chambre qu'à 8h10. A cette heure-là, je j'aurais déjà dû être au bureau. J'avais beau expliquer que leur collègue avait fait du zèle à la gare, qu'à cause de lui le bus était parti en retard, que j'étais arrivé à 7h45 après une nuit de voyage, qu'il avait fallu me doucher, rien n'y fit ! Et c'est en râlant que je rendis ma clé au caporal de semaine.

Je me rendis au bureau avec deux sacs en plastiques. Ils contenaient ma tenue de sport complète : pantalon, veste et chaussures. L'une de mes chefs fut étonnée :

- Vous allez faire du sport Coupez?
- Non non. Je vais passer ma visite médicale de libération.

Cela peut vous paraître stupide, mais pour consulter le médecin militaire, il fallait être en tenue de sport. Seulement les appelés bien sûr. Les engagés, eux, pouvaient consulter dans la tenue de leur choix. Encore une différence de traitement qui nous rappelait notre statut.

Cette visite médicale obligatoire marquait le début des formalités de sortie qui faisaient partie du fameux « Circuit départ ». J'allai dans la petite pièce des archives retirer mon uniforme pour enfiler ma tenue de sport. Je partis d'un pas alerte vers le service médical. Arrivé dans le hall d'accueil, je retrouvai là d'autres libérables. Après avoir déposé mon identité à l'accueil, je les rejoignis en salle d'attente où régnait une ambiance bon enfant :

- Vous vous rendez compte ? On fait la visite médicale de sortie! On va être libérés !
- Ouais : zéro ! Zéro !

Puis un infirmier entra dans la salle d'attente :

- *Coupez, c'est qui ?*
- *C'est moi.*
- *Ok, tu me suis.*

Un jeune médecin vint me chercher. La visite fut approfondie et scrupuleuse :

- *Avez-vous consulté depuis votre incorporation ?*
- *Non.*
- *Avez-vous eu des problèmes de santé depuis votre arrivée ?*
- *Non.*
- *D'autres remarques ?*
- *Ben, non.*

Et il signa ma feuille de santé. Heureux, je serrai vigoureusement la main du praticien et regagnai mon bureau.

Mais le vrai circuit départ ne devait commencer que le mercredi 28 septembre au matin. Nous devions passer de service en service pour faire tamponner une feuille de papier sur laquelle figuraient une vingtaine de cases. Le circuit départ était terminé lorsque toutes les cases étaient tamponnées.

Muni de cette feuille, j'ai ainsi rendu visite à tous les services de la base : gestion du personnel, assistante sociale, service des sports, promotion sociale.

Le service « promotion sociale » avait pour mission d'apporter toute l'aide possible à la recherche d'un travail après l'armée. Ce service s'occupait théoriquement des jeunes appelés, mais plus sûrement des engagés qui arrivaient en fin de carrière militaire et qui souhaitaient se recycler. Le responsable du service était un vieil adjudant qui était aidé dans sa difficile tâche par quelques appelés.

Je garderai de mon passage dans ce service un souvenir inoubliable. Dans son bureau, l'adjudant me remit une sorte de diplôme intitulé « Certificat de bonne conduite ». Je fus surpris par le caractère officiel du document, qui ressemblait à s'y méprendre à un superbe diplôme. J'y lus ces quelques lignes :

« *Le commandant X certifie que l'aviateur Coupez a participé à la défense de la nation, fait preuve d'une bonne conduite et rendu de loyaux services pendant sa présence sous les drapeaux* ».

Pendant quelques secondes, j'ai réellement pensé qu'on me faisait une blague. Voyant ma surprise, l'adjudant me crut ému. Il me dit très sérieusement :

- Tu pourras le mettre dans un cadre !

Sans le vouloir, il venait de me donner une idée. Je lui répondis avec un grand sourire :

- *Bonne idée, et je sais déjà où je vais le mettre !*

Et c'est ainsi que, depuis ma libération en Septembre 1994, mes proches et amis peuvent contempler ce superbe document, encadré et accroché au mur de mes toilettes.

Mes activités durant les derniers jours furent aussi diverses que variées. La plupart du temps, je laissais généreusement à mon successeur le soin de rédiger les quelques papiers urgents. Entre-temps, j'écrivais quelques lettres personnelles, lisais des magazines, admirais la superbe vue depuis notre fenêtre du troisième étage et discutais avec mes chefs que j'allais bientôt pouvoir appeler « mesdames ».

Quelques jours avant mon départ, sous un prétexte futile, mes chefs m'avaient emmené avec elles à l'heure du déjeuner. Je ne m'attendais pas un seul instant à la surprise qu'elles avaient organisée en mon honneur. Notre collaboration se termina dans un restaurant des alentours. Je reçus plusieurs cadeaux : un sac de barres chocolatées pour me rappeler mes nombreuses « missions crunch » (voir le récit page 141), et un superbe stylo pour bien commencer ma carrière professionnelle. Je fus à la fois surpris et ému. Si elles se reconnaissent, qu'elles en soient ici remerciées.

L'après-midi, vers 14h00, tous les libérables avaient rendez vous au foyer des « hommes du rang ». Le colonel commandant en second souhaitait nous adresser tous ses remerciements pour notre « petite » participation à l'effort national. Un petit buffet avait été dressé pour l'occasion. Cet officier était un homme remarquable avec qui j'avais eu l'occasion de discuter certains soirs. Je savais ses propos sincères.

A l'issue de cette petite cérémonie, conformément à la note de service éditée à l'occasion de la libération du contingent 93/12, nous avons pu revêtir nos vêtements civils. Ce fut un moment très émouvant. J'avais ramené pour l'occasion tous mes vêtements civils au bureau. Je ne voulais pas perdre une minute. Après la petite cérémonie de départ, je pris avec émotion le cintre sur lequel mes vêtements étaient accrochés. Je me changeai rapidement. De retour dans la chambre, je préparai pour la dernière fois le sac à paquetage que je devais restituer.

Sac sur l'épaule, je pris la route du bâtiment « lavage », lieu de restitution des effets militaires. Je m'arrêtai quelques secondes face la porte d'entrée. Sur une pancarte, on pouvait lire « Libé : entrée ». A force de passer plusieurs fois par jour devant cette fameuse porte, je l'avais lu des centaines de fois. Ces deux mots me faisaient rêver. Je posai le sac sur le sol et m'assis dessus pour attendre mon tour.

Les premiers arrivés commencèrent le circuit. Ils entrèrent et vidèrent leur sac dans un caddie avant de suivre un long comptoir en bois. A chaque stand, il leur fallait restituer un par un chaque élément du paquetage. Lorsque tout fut rendu, ils sortirent par une porte située à l'extrémité du bâtiment, le caddie vide.

Ce fut enfin mon tour. Le premier stand, celui des pantalons bleus, était tenu par le sergent-chef du service « lavage », celui-là même qui avait essayé de me planter pour insolence. Il me fixa et eut un vilain sourire :

- Oh, mais toi, je n'ai pas besoin de te demander ton nom ! Tu t'appelles Coupez : exact ?

- Et oui.

Je lui rendis les vêtements qu'il me demandait puis passai au stand suivant. J'y rendis les calots, quelques autres babioles et mes fourreaux. L'aviateur qui tenait le stand prit une des deux paires de fourreau et un des deux calots, regarda furtivement à gauche et à droite, puis me demanda en baissant la voix :

- Eh ! Tu veux les garder ?

J'acceptai et les pris discrètement. A la fin de la chaîne, mon caddie était vide. Une signature supplémentaire figurait sur ma fiche de circuit départ.

Le lendemain matin, j'allai prendre mon dernier petit-déjeuner militaire. Après quelques signatures et quelques ultimes formalités, je restituai draps et couvertures et fis mes adieux aux personnels de mon bureau.

Vint enfin le moment tant attendu : la sortie de la base militaire marquant définitivement la fin de mon service. Bien assis dans sa casemate, le soldat de faction à l'entrée appuya sur un bouton pour ouvrir la première porte du sas. Centimètre par centimètre, la porte s'ouvrit, doucement. J'entrai dans le corridor de sécurité. Le soldat appuya sur un deuxième bouton, et la seconde porte s'ouvrit au même rythme que la première.

Je me souviens encore de chaque pas, de chacun des centimètres parcourus. Ma libération fut un véritable retour à la vie. Je le répète, je l'ai vécu comme une véritable renaissance. Je franchis les dernières limites du sas de sécurité en sautant de joie.

Un camarade m'emmena à la gare en voiture, m'évitant ainsi d'emprunter une dernière fois ce maudit bus militaire. A la gare, j'allai acheter mon dernier billet de train avec l'argent que m'avait donné l'armée à cette occasion. Puis j'attendis patiemment ce dernier train qui devait arriver trois quarts d'heure plus tard, vers 12:40.

Le bus militaire de la base déchargea à son tour son lot de libérés. Les appelés étaient déchaînés et chantaient à tue-tête. Ces chants me rappelaient avec émotion ceux que j'avais entendus dix mois plus tôt dans la gare de Paris Est. Les cris et les chants résonnaient dans le hall de la petite gare. Le boucan était tel que je sortis pour attendre le train.

Devant mon attitude anti-fête, certains me prirent pour une jeune recrue:

- Eh ! Sale bitos ! Zéro dans ta face de bleub ! Zéro !

Lorsque la micheline arriva, je pris soin d'éviter le petit groupe d'agités. Les longs rots profonds et caverneux suivis de gros rires gras semblaient aussi écoeurer les civils présents dans le train. Arrivé à la ville de transit, je laissai passer devant moi la joyeuse équipe, observant ainsi les réactions amusées ou choquées des civils.

Si habituellement l'ambiance dans le train était rarement bonne, j'avais tout à craindre de ce voyage en particulier. La joie du retour définitif fut légèrement gâchée par la crainte de débordements que je savais violents les jours de libération. Je pris soin de bien choisir ma place. Le train finit par partir avec vingt minutes de retard, ce qui augurait mal de mon bus du soir.

Au début, l'ambiance fut plutôt calme, puis la passion monta au fur et à mesure que se vidaient les bouteilles d'alcool. L'ambiance devint de plus en plus chaude, pour ne pas dire explosive.

De temps à autre, on pouvait entendre des cris, des chants, des rires. La porte du fond de la voiture s'ouvrit et une vingtaine de « libérés » défilèrent dans le couloir, à la queue leu leu en se tenant par les épaules.

Quelques jeunes hommes assis sur les banquettes devant et derrière moi ne firent aucun commentaire. Ils les regardaient fêter leur libération avec un air de chien battu : ils venaient tout juste d'être incorporés. Le défilé de libérés repassa plusieurs fois dans notre compartiment, puis la passion baissa d'un cran pour s'estomper finalement.

- *Mesdames et Messieurs, nous arrivons en Gare de Lille. Lille: terminus du train.*

A ces mots, les voyageurs commencèrent à se lever et à s'avancer dans le couloir du compartiment. Je jetai un dernier regard au travers de la fenêtre, vers ce décor familier de la gare de Lille. Le convoi ralentit progressivement, jusqu'à l'arrêt complet. Un par un, les voyageurs quittèrent les voitures. A peine le pied sur le sol, les chants des libérés résonnèrent dans l'immense bâtisse.

Et bizarrement, ces chants et cette joie éveillèrent en moi une pointe de mélancolie. J'avais soudain la sensation d'avoir vieilli, et qu'une nouvelle page venait de se tourner dans l'histoire de ma vie.

Rendez-vous sur
http://www.ServiceMilitaire.com